Examens de l'OCDE sur la gouvernance publique

Voix citoyenne au Maroc 2021

LA COMMUNICATION AU SERVICE D'UNE ADMINISTRATION OUVERTE AU NIVEAU RÉGIONAL

OCDE

DES POLITIQUES MEILLEURES
POUR UNE VIE MEILLEURE

Ce document, ainsi que les données et cartes qu'il peut comprendre, sont sans préjudice du statut de tout territoire, de la souveraineté s'exerçant sur ce dernier, du tracé des frontières et limites internationales, et du nom de tout territoire, ville ou région.

Merci de citer cet ouvrage comme suit :
OCDE (2021), *Voix citoyenne au Maroc 2021 : La communication au service d'une administration ouverte au niveau régional*, Examens de l'OCDE sur la gouvernance publique, Éditions OCDE, Paris, *https://doi.org/10.1787/c56c56e3-fr*.

ISBN 978-92-64-73116-5 (imprimé)
ISBN 978-92-64-82269-6 (pdf)

Examens de l'OCDE sur la gouvernance publique
ISSN 2226-5953 (imprimé)
ISSN 2226-5961 (en ligne)

Avant-propos

Une communication publique stratégique et efficace est un levier essentiel d'une politique d'ouverture de l'administration à tous les échelons de gouvernance. La pandémie de COVID-19 a souligné cette importance et accru l'urgence des réformes en ce sens. En outre, ancrer la participation et le dialogue avec les citoyens soutient les collectivités territoriales non seulement dans la mise en œuvre de leurs prérogatives mais aussi dans la réponse aux besoins des habitants. Au Maroc, depuis 2015, la régionalisation avancée participe à l'ouverture des politiques publiques au plus près des citoyens. En ce sens, le Maroc a mis en place des efforts sans précédent visant à donner plus de pouvoirs aux collectivités déconcentrées et décentralisées, notamment via les prérogatives attribuées aux conseils régionaux.

L'action des collectivités territoriales est centrale dans la perception que les citoyens ont de l'administration en termes de transparence, d'intégrité et de redevabilité des institutions, des élus et des services. Leur rôle est également essentiel pour faciliter la participation des parties prenantes à la vie publique. Parallèlement, le paysage médiatique marocain a évolué, tant au niveau national que régional, avec une croissance notable des usages d'Internet et des réseaux sociaux. Ces changements renforcent la nécessité d'une communication ouverte et efficace.

Ce Scan de l'OCDE analyse l'organisation, les stratégies et actions de communication publique des régions de Béni Mellal Khénifra et Tanger-Tétouan-Al Hoceima au Maroc. Il souligne les réalisations et le potentiel d'un usage stratégique de cette fonction. Ce faisant, ces efforts soutiennent le plein déploiement des nouvelles compétences et missions des conseils régionaux, collectivités en devenir dans le maillage territorial marocain. Ils contribuent aux engagements nationaux et locaux pour un gouvernement ouvert, à l'image de la définition du second plan national d'action du Partenariat pour un gouvernement ouvert (PGO) et de l'adhésion d'une région marocaine au PGO local en 2020.

Les conseils régionaux peuvent tirer profit des recommandations formulées dans ce rapport pour optimiser leur transparence et leur capacité de dialogue et pour renforcer la confiance des citoyens. Pour cela, il leur faudra établir des stratégies explicites et des plans pour guider leur action, asseoir une organisation, des moyens dédiés et définir les responsabilités, et s'appuyer sur les canaux les plus adaptés pour atteindre les différentes audiences régionales. Cela passera notamment via un usage des sites internet et réseaux sociaux affiné en fonction des objectifs poursuivis, des usagers et des potentialités offertes par ces plateformes.

Depuis la constitutionnalisation de principes du gouvernement ouvert dès 2011, le Maroc a pris de nombreux engagements au profit de la transparence, de l'intégrité, de la redevabilité et de l'association des parties prenantes. L'administration s'est notamment appuyée sur un examen de l'OCDE consacré à ce sujet et sur un plan d'action national déployés dans le cadre du PGO, un second étant en cours de finalisation. En 2019, le rapport de l'OCDE intitulé Voix Citoyenne au Maroc : le rôle de la communication et des médias pour un gouvernement plus ouvert a apporté un appui supplémentaire aux réalisations du pays en formulant des recommandations concrètes pour le renforcement des services de communication au sein du centre de gouvernement et des ministères. L'élargissement de ces efforts au niveau régional est un pas de plus vers « l'État ouvert » évoqué dans la Recommandation du Conseil de l'OCDE sur le Gouvernement Ouvert, à laquelle le Maroc a adhéré en 2018.

La publication a été approuvée par le groupe de travail sur le Gouvernement ouvert de l'OCDE (WPOG) le 25 mai 2021 et déclassifiée par le Comité de la Gouvernance publique le 18 juin 2021.

Remerciements

Le Secrétariat de l'OCDE souhaite exprimer sa gratitude à l'ensemble des personnes ayant contribué à la réalisation de ce Scan. Ces remerciements vont en premier lieu au gouvernement du Maroc, et en particulier à la Direction Générale des collectivités territoriales (DGCT) du Ministère de l'Intérieur. L'OCDE souhaiterait également remercier les parties prenantes ayant participé à l'examen par les pairs et à l'enquête de l'OCDE, notamment les deux conseils régionaux pilotes de Béni Mellal Khénifra et Tanger-Tétouan-Al Hoceima, les représentants d'organisation de la société civile, d'instances consultatives et des médias. L'OCDE adresse également ses remerciements à Mme Anne Sarrazin-Borde, Directrice du service commun de communication de la ville de Liffré et de la communauté de communes Liffré-Cormier Communauté (France) qui a assuré le rôle de pair, et Mme Radia Cheikh-Lahlou, experte en communication.

Dans le cadre du Programme MENA-OCDE pour la gouvernance, ce Scan a été élaboré par la Direction de la gouvernance publique de l'OCDE dirigée par Elsa Pilichowski. Il s'inscrit dans la série des publications réalisées par l'Unité du Gouvernement Ouvert placée sous la responsabilité d'Alessandro Bellantoni.

La publication a été coordonnée par Karine Badr et rédigée par Emilie Cazenave avec l'appui de Manon Epherre-Iriart et de Cristina Mendes. Rebecca Kachmar a contribué aux recherches et à la préparation du texte. Cette publication s'est appuyée sur un travail de recherche et d'analyse réalisé par Radia Cheikh Lahlou. Un travail éditorial a été assuré par le Secrétariat de l'OCDE. L'appui administratif a été assuré par Elena Martin Gomez-Tembleque et Meral Gedik a préparé le manuscrit en vue de sa publication.

L'OCDE souhaite remercier le ministère allemand des Affaires étrangères pour le soutien financier qu'il a apporté à ce projet dans le cadre du « Partenariat pour la Transformation ».

Table des matières

GRAPHIQUES

TABLEAUX

Suivez les publications de l'OCDE sur :

http://twitter.com/OECD_Pubs

http://www.facebook.com/OECDPublications

http://www.linkedin.com/groups/OECD-Publications-4645871

http://www.youtube.com/oecdilibrary

http://www.oecd.org/oecddirect/

Résumé

Traversé par d'importantes mutations institutionnelles depuis 2011, le Maroc a redoublé d'efforts au cours des dernières années pour accroître l'ouverture de sa gouvernance, et ce faisant la transparence, l'intégrité, la redevabilité de ses institutions et la participation de ses citoyens, à tous les échelons. Au niveau régional, cet effort s'est accru avec l'adoption en 2015 de la loi organique 111-14 relative aux régions, créant des conseils de région et leur octroyant des missions et responsabilités pour assurer le rapprochement des politiques publiques et des usagers au cœur des territoires.

La communication publique est un facteur essentiel de l'administration ouverte. À la fois moyen d'action, de transparence et de reddition des comptes, et support de participation des citoyens à la vie publique, elle contribue à renforcer la confiance des citoyens dans leurs institutions. Face aux impératifs grandissants d'ouvrir les administrations et de multiplier les possibilités d'association des parties prenantes, la capacité à communiquer de manière stratégique et efficace est aussi nécessaire au niveau national que régional ou local. Le Maroc a su en saisir les enjeux, adhérant à la Recommandation de l'OCDE sur le Gouvernement Ouvert dès 2018, et formalisant les engagements et le rôle des autorités nationales et des collectivités territoriales notamment via son Plan d'action national (2018-2020) dans le cadre du PGO (Partenariat pour un Gouvernement Ouvert) mais également via l'adhésion d'une collectivité territoriale marocaine au PGO local.

Les deux régions pilotes au cœur de ce Scan, Béni Mellal Khénifra et Tanger-Tétouan-Al Hoceima, ont résolument manifesté leur volontarisme en ce sens. Si la première entame sa réflexion autour d'une future candidature au PGO local, la seconde en est désormais membre, depuis 2020. En outre, toutes deux affichent une volonté de poursuivre les efforts d'ouverture et de saisir les opportunités identifiées quant à la transformation numérique non seulement de leur administration mais aussi de leur communication. Il ressort des réponses au questionnaire de l'OCDE qu'elles se sont engagées sur la voie de la transparence en publiant des informations en ligne, sur leur site internet ou leurs réseaux sociaux. Elles ont également mis en place des relations avec des instances consultatives (organisations de la société civile, jeunesse, universitaires, etc.) notamment pour renforcer l'inclusion des parties prenantes dans la vie publique et l'ouverture de l'administration.

Un usage stratégique de la communication peut utilement soutenir leurs efforts, en amplifier l'impact et les rendre plus participatifs. Malgré l'absence d'une stratégie dédiée et des ressources encore limitées, les deux conseils régionaux ont manifesté cette volonté d'ouverture en recrutant ou en prévoyant de se doter des moyens humains, financiers et techniques nécessaires à une utilisation plus efficace. À cet effet, des efforts contribueraient à approfondir le dialogue avec les citoyens et à expliciter et soutenir durablement la stratégie de ces collectivités et leurs objectifs en matière d'ouverture de l'administration. Afin d'utiliser tout le potentiel de la communication comme levier d'ouverture, des documents stratégiques dédiés seront centraux pour en établir les objectifs, activités, messages, canaux, moyens et échéances, ainsi que leur dissémination interne, auprès des services et élus, mais aussi à l'extérieur des administrations concernées.

Des structures de communication publique claires et robustes fondent le socle de la mise en œuvre effective des ambitions formulées. Elles émergent progressivement au sein des conseils de région. Une fois inscrite dans l'organigramme et recrutée, une entité dédiée permettrait, par exemple, de renforcer l'efficacité, la coordination des activités, la définition de ses missions et l'attribution explicite de budgets spécifiquement alloués. Au sein de ces organes, le recensement et la valorisation des compétences des communicants publics assureront qu'elles répondent aux besoins des collectivités, notamment à travers la mise en place de formations et le recrutement de personnel qualifié, appelés des vœux des responsables administratifs interrogés. Mais elles sont également clés pour assurer l'adéquation des actions, messages et moyens employés aux attentes des citoyens, dans un environnement médiatique en constante mutation. Le développement d'un réseau de communicants régionaux ou locaux, articulé au réseau établi au niveau national, contribuera aussi à soutenir les fonctions et le partage d'expériences et de bonnes pratiques en la matière.

En outre, la loi sur l'accès à l'information adoptée en mars 2018 a prévu la diffusion proactive de l'information détenue par les administrations publiques, les institutions élues et les organismes investis de mission de service public, par tout moyen de publication et à tous les niveaux. À l'échelle nationale comme régionale ou locale, la pleine mise en œuvre du droit d'accès à l'information pourra notamment passer par un usage plus stratégique des outils de communication numériques, à l'image des plateformes, sites, portails et réseaux sociaux des administrations. En outre, si ceux-ci sont employés de façon plus participative, ils pourront permettre non seulement de recueillir les attentes et demandes des citoyens, mais aussi d'y répondre et d'échanger à leur sujet.

Enfin, un usage ciblé et efficace notamment de ces canaux numériques représentera une composante essentielle de la communication publique des conseils régionaux marocains à mesure que les fonctions, moyens et compétences pour ce faire se densifieront. Les sites et réseaux sociaux des deux administrations sont en place, mais leur usage pour atteindre des cibles spécifiques et promouvoir leur participation peut être optimisé. Ces plateformes permettent un contact direct avec un vaste public sur l'ensemble d'un territoire considéré, à l'exception des zones ou audiences les plus rurales ou marginalisées. Ceci témoigne de leur importance pour mieux associer les parties prenantes mais aussi pour améliorer les services publics de proximité, sur la base des besoins et avis exprimés via ces outils. L'analyse des publics cibles, a minima via les outils déjà fournis par les différents sites et plateformes, assurerait un usage plus stratégique, tenant compte d'une meilleure compréhension des audiences, des attentes des citoyens et de leurs préférences en termes d'usage des canaux et d'accès à l'information. Au-delà de la mise à jour régulière de ces instruments, leur caractère participatif et inclusif pourra être accru par l'utilisation d'infographies, de photographies, de vidéos et l'intégration de liens vers d'autres plateformes participatives.

Les deux conseils régionaux pourront à plus long terme s'inspirer de l'ensemble des recommandations esquissées dans ce rapport pour poursuivre les réformes engagées et entreprendre des investissements plus conséquents dans la formation, les outils et le soutien aux équipes de communication pour déployer un mandat ambitieux. Dans un premier temps, appuyer les initiatives publiques visant à diffuser des informations publiques pertinentes, des données ouvertes ou à en encourager l'utilisation, et promouvoir la participation aux consultations seront des responsabilités centrales au cœur de ce mandat. Elles sont de nature à rendre la vie publique et le cycle des politiques plus transparent et redevable. Ainsi, les outils et actions évoqués dans ce Scan pourront utilement soutenir les collectivités territoriales marocaines dans l'exploitation du plein potentiel de la communication publique au service de politiques inclusives.

1 Rôle de la communication publique au Maroc

Ce chapitre présente le cadre de l'OCDE en matière de gouvernement ouvert, de communication publique et d'écosystèmes médiatiques, et offre un aperçu du contexte marocain y afférent. Il présente également les changements juridiques et institutionnels récents ayant affecté les administrations régionales. Il résume enfin les principales conclusions et recommandations du présent Scan.

Dans la continuité des engagements pris par le Maroc en faveur des principes du gouvernement ouvert depuis 2011, le processus de régionalisation avancée entamé en 2015 représente une occasion de faire progresser la bonne gouvernance au niveau infranational. Les collectivités territoriales sont appelées à penser le développement local et les politiques publiques au plus près des citoyens, de façon à ce qu'elles s'accordent au mieux à leurs attentes tout en leur permettant de participer à leur élaboration et mise en place.

Pour répondre aux ambitions des collectivités territoriales en matière de transparence et de participation citoyenne ainsi qu'aux besoins et aspirations des différentes parties prenantes, une communication publique stratégique est nécessaire. Celle-ci contribuerait tout d'abord à renforcer la confiance des citoyens dans l'administration, établie à 29 % en 2019 au Maroc (Kayyali, 2020[1]) en baisse depuis quelques années comme dans de nombreux pays à travers le monde (OCDE, 2019[2]), malgré des écarts entre les pays les plus durement touchés par la crise financière et les pays ayant connu une reprise économique favorable (OCDE, 2019[2]).

Le rapport de l'OCDE « Voix Citoyenne au Maroc : le rôle de la communication et des médias pour un gouvernement plus ouvert » souligne par ailleurs que leur contribution est essentielle dans une démarche d'ouverture de l'administration à tous les niveaux (OCDE, 2019[3]) (voir encadré 1.1). Communiquer activement permet d'informer les citoyens sur les mesures en cours et de mieux les associer à l'élaboration des politiques et services publics. Cela permet en retour d'améliorer la qualité des prestations et d'encourager une plus grande redevabilité par les citoyens, la société civile et les médias à travers une transparence accrue.

Encadré 1.1. Le rapport Voix citoyenne au Maroc

La revue de la communication publique au Maroc menée en 2019 a identifié des recommandations à l'échelle nationale. Elles concernent notamment :

- L'évolution vers un usage plus stratégique à travers l'élaboration de stratégies et leur mise en œuvre et la professionnalisation des fonctionnaires publics.
- Le renforcement des structures en charge de la communication au sein de chaque ministère et l'harmonisation de leurs mandats. Cela pourrait notamment être fait grâce au renforcement de la communication interne, l'allocation d'un budget dédié et une meilleure coordination verticale et horizontale entre les unités concernées à tous les échelles gouvernementales.
- Le cadre institutionnel et réglementaire national et local permettant aux journalistes et aux citoyens un accès à l'information et aux opportunités de participation citoyenne
- L'importance des réseaux sociaux et de leur usage stratégique pour des pratiques plus inclusives ciblant par exemple les femmes et les jeunes.
- La désinformation et la mise en place d'initiatives visant l'éducation aux médias en collaboration avec les médias et la société civile.
- Le renforcement des médias locaux et associatifs afin de permettre aux citoyens de tirer profit des efforts de communication du gouvernement et des évolutions du paysage médiatique.

Source : OCDE (2019[3]), *Voix citoyenne au Maroc: Le rôle de la communication et des médias pour un gouvernement plus ouvert*, Examens de l'OCDE sur la gouvernance publique, Éditions OCDE, Paris, https://doi.org/10.1787/9789264306608-fr.

Par ailleurs, la crise de la COVID-19 a mis en lumière le rôle crucial que joue la communication pour accompagner les individus et les parties prenantes à respecter les mesures mises en place par les autorités publiques pour lutter contre la pandémie. La pandémie a également souligné son action pour renouer la confiance avec les citoyens et renforcer leur mobilisation, par la diffusion d'informations transparentes, étayées et en temps réel. Les communicants publics ont également eu un rôle essentiel dans la lutte contre la désinformation et la réponse collective à y apporter pour soutenir l'action de l'État (OCDE, 2020[4]).

Dans ce sens, une communication stratégique et transparente est un prérequis au gouvernement ouvert à tous les niveaux. Alors que les citoyens sont dans l'attente de clarté et de proximité, renforcer la communication publique au niveau local est une nécessité dans le processus de régionalisation avancée (OCDE, 2019[3]). Ils souhaitent être informés de ce qui les touche concrètement et participer plus activement à l'élaboration des politiques publiques qui affectent leur vie quotidienne. En outre, leur perception de l'administration publique est souvent façonnée par la qualité des services de proximité fournis et leur interaction plus fréquente avec les fonctionnaires locaux.

Dans la continuité du rapport Voix Citoyenne au Maroc, le présent Scan a pour objectif d'apporter un soutien à l'amélioration de la communication publique au niveau local dans le cadre de la régionalisation avancée au Maroc et de la mise en place des principes du gouvernement ouvert. Il s'appuie sur deux régions pilotes, Beni Mellal-Khénifra et Tanger-Tétouan-Al Hoceima, sélectionnées en collaboration avec la Direction Générale des Collectivités Territoriales au sein du Ministère de l'Intérieur. Il étudie leurs stratégies, initiatives et pratiques pour communiquer avec les citoyens et les médias. Il identifie en outre des recommandations fondées sur des bonnes pratiques des pays de l'OCDE.

Cette analyse se fonde sur les réponses à un questionnaire des deux régions pilotes. Une mission de revue par les pairs menée en ligne en octobre 2020 les complète grâce aux entretiens menés avec des représentants du Ministère de l'Intérieur, de chaque conseil régional, de la société civile, des médias et d'autres parties prenantes impliquées sur les enjeux couverts par le Scan au sein des régions pilotes.

Aussi, après avoir présenté le rôle de la communication publique et les initiatives mises en place au niveau régional au Maroc, sa gouvernance, ses structures et son organisation dans les deux régions pilotes est explorée, ainsi que sa contribution aux principes du gouvernement ouvert. Enfin, une étude des objectifs et actions de communication numérique mises en place par les deux régions pilotes est développée.

Le rôle de la communication publique

On entend par "communication publique" toute activité ou initiative menée par des institutions publiques dans l'intérêt général (OCDE, 2020[4]). Celles-ci peuvent comprendre la diffusion d'informations, ainsi que la consultation et le dialogue avec les parties prenantes. Elles peuvent aussi inclure des actions dont le but est de faire comprendre le rôle des institutions, leurs compétences et leur fonctionnement, d'animer la vie démocratique, de rendre compte des politiques publiques, d'informer sur les services publics ou encore d'éclairer sur les enjeux collectifs afin de faire évoluer les comportements (Cap'Com, 2020[5]). La communication publique se distingue ainsi de la communication politique qui concerne le débat politique, les élections ou encore les partis et personnalités politiques.

La communication : Un pilier du Gouvernement ouvert

Le rôle clé de la communication publique pour renforcer la mise en œuvre du gouvernement ouvert est consacré dans la Recommandation du Conseil de l'OCDE sur le Gouvernement Ouvert (OCDE, 2017[6]), à laquelle le Maroc a adhéré en 2018. Elle définit ce dernier comme « une culture de gouvernance qui promeut les principes de transparence, d'intégrité, de redevabilité et de participation des parties prenantes, au service de la démocratie et de la croissance inclusive » et invite notamment les gouvernements à :

> *communiquer activement sur les stratégies et initiatives en matière de gouvernement ouvert ainsi que sur les résultats, réalisations et impacts correspondants afin de veiller à ce qu'elles soient connues, aussi bien à l'intérieur qu'à l'extérieur de la sphère publique, l'objectif étant de favoriser leur mise en pratique et de susciter l'adhésion des parties prenantes. (OCDE, 2017[6])*

La Recommandation reconnaît sa contribution par ailleurs à la mise en œuvre de l'accès à l'information des citoyens (disposition 7), la participation des parties prenantes à la vie publique (disposition 8) et la transition vers un État ouvert (disposition 10) en rappelant le rôle des acteurs non-gouvernementaux, y compris les médias, pour renforcer la transparence et la participation (OCDE, 2017[6]) (voir graphique 1.1).

Graphique 1.1. La communication publique : Une composante intégrante du gouvernement ouvert

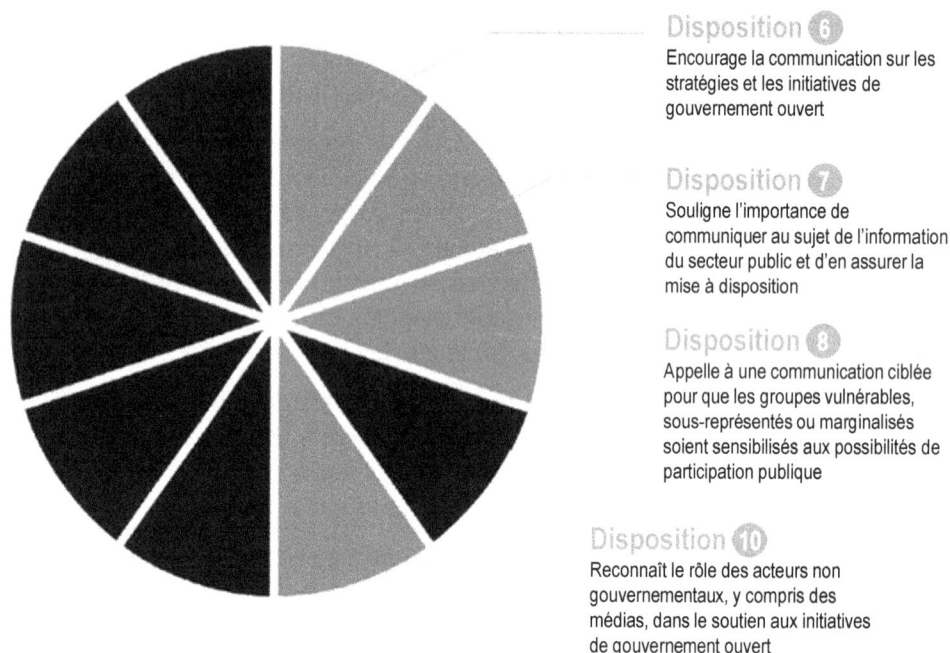

Disposition **6**
Encourage la communication sur les stratégies et les initiatives de gouvernement ouvert

Disposition **7**
Souligne l'importance de communiquer au sujet de l'information du secteur public et d'en assurer la mise à disposition

Disposition **8**
Appelle à une communication ciblée pour que les groupes vulnérables, sous-représentés ou marginalisés soient sensibilisés aux possibilités de participation publique

Disposition **10**
Reconnaît le rôle des acteurs non gouvernementaux, y compris des médias, dans le soutien aux initiatives de gouvernement ouvert

Recommandation de l'OCDE sur le gouvernement ouvert

Source : OCDE (2020[4]), "Transparence, communication et confiance: Le rôle de la communication publique pour combattre la vague de désinformation concernant le nouveau coronavirus", *Les réponses de l'OCDE face au coronavirus (COVID-19)*, Éditions OCDE, Paris, https://doi.org/10.1787/1d566531-fr.

L'importance et la contribution de ces différentes composantes à un gouvernement plus ouvert fonde le cadre analytique sur lequel s'appuient les revues de la communication publique et le présent Scan (graphique 1.2).

Graphique 1.2. Cadre analytique de l'OCDE sur la communication publique

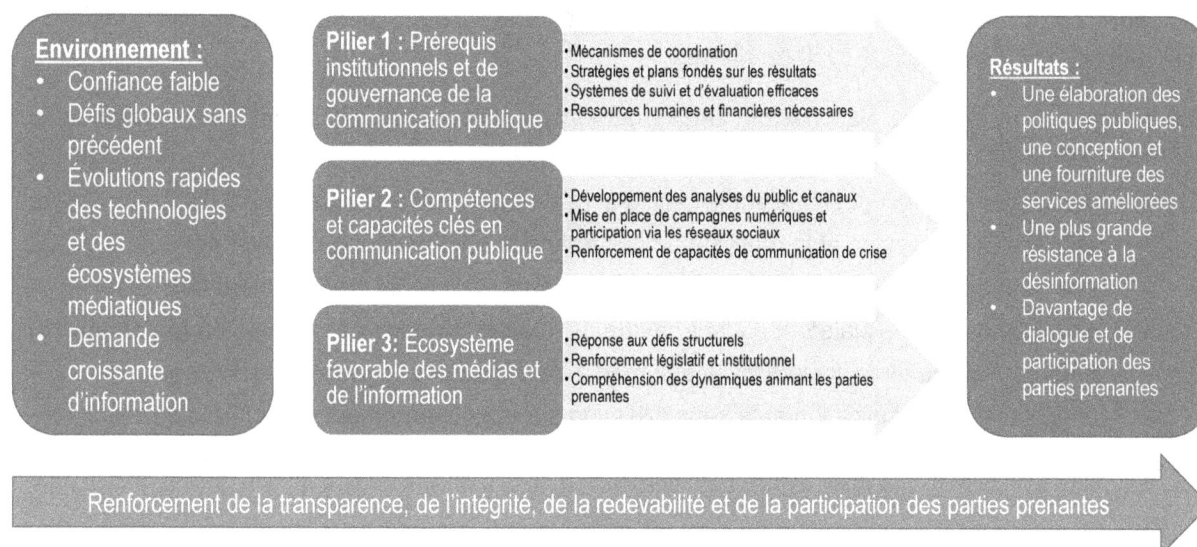

Environnement :
- Confiance faible
- Défis globaux sans précédent
- Évolutions rapides des technologies et des écosystèmes médiatiques
- Demande croissante d'information

Pilier 1 : Prérequis institutionnels et de gouvernance de la communication publique
- Mécanismes de coordination
- Stratégies et plans fondés sur les résultats
- Systèmes de suivi et d'évaluation efficaces
- Ressources humaines et financières nécessaires

Pilier 2 : Compétences et capacités clés en communication publique
- Développement des analyses du public et canaux
- Mise en place de campagnes numériques et participation via les réseaux sociaux
- Renforcement de capacités de communication de crise

Pilier 3 : Écosystème favorable des médias et de l'information
- Réponse aux défis structurels
- Renforcement législatif et institutionnel
- Compréhension des dynamiques animant les parties prenantes

Résultats :
- Une élaboration des politiques publiques, une conception et une fourniture des services améliorées
- Une plus grande résistance à la désinformation
- Davantage de dialogue et de participation des parties prenantes

Renforcement de la transparence, de l'intégrité, de la redevabilité et de la participation des parties prenantes

Source : travail de l'auteur.

Un contexte juridique et institutionnel favorable au renforcement du rôle de la communication publique

Les évolutions juridiques et institutionnelles récentes ont contribué à donner à la communication publique une place clé dans l'action publique au Maroc. L'adoption de la Constitution en 2011 a été une avancée décisive notamment vers la reconnaissance du droit d'accès à l'information (article 27), réaffirmée à travers une loi dédiée, les dispositions des 3 lois organiques de 2015 relatives aux collectivités territoriales ayant trait à la mise à disposition des informations au profit du public ainsi que via le code de la Presse en 2016 consacrant le rôle de la communication comme levier de renforcement de la transparence.

Dans cette dynamique, un réseau interministériel de communicants publics a été créé en 2017 au niveau national, avec le soutien de l'OCDE et chapeauté par le Ministère de l'Économie, des Finances et de la Réforme de l'administration (MEFRA). Première initiative de ce type dans le pays, il vise à soutenir les responsables en question des départements ministériels dans la mise en place d'une vision commune, l'amélioration de leur contribution aux réformes administratives et de l'efficacité des stratégies sectorielles à travers le partage de bonnes pratiques et la proposition de nouveaux mécanismes.

L'OCDE a par ailleurs soutenu le Maroc dans l'élaboration d'un guide de la communication publique qui offre des outils pratiques permettant de renforcer les principes du gouvernement ouvert et de consolider la confiance des citoyens dans l'administration. Finalisé en juillet 2020, le guide a été diffusé en février 2021 au sein de l'administration publique marocaine (Chapitre 2, encadré 2.6).

L'entrée du Maroc au sein du Partenariat pour le Gouvernement ouvert (OGP) en 2018 a également été l'occasion de renforcer la place de la communication comme composante essentielle de la mise en œuvre des principes de transparence, d'intégrité, de redevabilité et de participation citoyenne. En témoignent les engagements ayant trait à ce domaine dans le premier Plan d'Action National du Gouvernement Ouvert au Maroc développé par l'ancien Ministère de la Réforme de l'Administration et de la Fonction Publique pour 2018-2020 (encadré 1.2), dont plusieurs sont déclinés aux niveaux régional et local. Le deuxième Plan d'Action National 2021-2022 est en cours de co-création (Ministère de l'Économie, des Finances et de la Réforme de l'Administration, 2020[7]). Dans le cadre de la consultation menée en octobre 2020 pour la co-création de ce nouveau plan, 10 axes d'intervention ont été ouverts aux propositions dont un sur l'accès à l'information et un sur la démocratie participative (Royaume du Maroc, 2021[8]).

Encadré 1.2. La communication publique et les engagements dans le Plan d'Action National du Gouvernement Ouvert 2018-2020 du Maroc

Le premier Plan d'Action National du Gouvernement Ouvert 2018-2020 établit 24 engagements structurés en six axes. Le Maroc s'engage notamment à :

- sensibiliser l'opinion publique sur le droit d'accès à l'information (engagement 1)
- renforcer la publication et la réutilisation des données ouvertes (engagement 4)
- créer une dynamique consultative au niveau national et régional (engagement 14)
- mettre en place une plateforme électronique de « la participation citoyenne » (engagement 15)
- renforcer l'accès de la société civile aux médias audiovisuels (engagement 17)
- améliorer la communication et la sensibilisation sur le gouvernement ouvert (engagement 18).

Source : Ministère de l'Économie, des Finances et de la Réforme de l'Administration (2018[9]), Portail du gouvernement ouvert, http://www.gouvernement-ouvert.ma/axes.php?lang=fr.

La communication est également un levier d'action pour la mise en œuvre des transformations prévues par le Plan National de la Réforme de l'administration (2018-2021). Il établit la mise en place d'un plan de communication, le renforcement des structures et des capacités matérielles et humaines de l'administration et de la communication interne à tous les niveaux, et ce dans le but d'améliorer l'image de ces institutions et assurer leur interaction positive avec la société (Royaume du Maroc, 2018[10]).

Enfin, le Maroc a lancé récemment le chantier de la déconcentration administrative, avec l'adoption d'une Charte Nationale en décembre 2018 qui vise à accompagner le processus de la régionalisation avancée et à favoriser la mise en œuvre intégrée et complémentaire des politiques publiques au niveau infranational. La Charte prévoit notamment la réorganisation des services de l'État au niveau régions, préfectures et provinces, avec un impact significatif sur l'organisation de la communication publique au sein des départements ministériels. Alors que le gouvernement les a appelés en juillet 2020 à accélérer la mise en œuvre des schémas directeurs de la déconcentration administrative, les communicants ont un rôle important à jouer pour faciliter l'application efficace et informée des mesures et procédures au sein des différents services publics.

La communication publique et l'accès à l'information à l'heure du développement d'Internet et des nouveaux médias en ligne

Alors que la télévision et la radio demeurent deux des supports favoris d'une partie des Marocains pour recevoir des informations,[1] Internet et les réseaux sociaux ont un impact significatif sur les habitudes de consommation de contenus (La Lettre Pro de la Radio, 2020[11]). Au Maroc, le taux de pénétration d'Internet a atteint 71 % en 2019, soit plus de 25 millions d'abonnés (Agence Nationale de Réglementation des Télécommunications, 2019[12]), et 18 millions de marocains utilisent les réseaux sociaux (DataReportal, 2020[13]), notamment les plus jeunes avec 97% des 15-34 ans qui déclarent s'en servir (UNICEF, 2018[14]).

L'apparition et la croissance de ces moyens de communication ont rendu possible de nouvelles formes d'interaction entre gouvernement, médias et citoyens, en permettant notamment à une plus large diversité de voix et d'acteurs de s'exprimer et de s'engager publiquement.

Ces avancées technologiques ont également entrainé un effet d'immédiateté de l'information. La rapidité à laquelle elle se propage crée par ailleurs un terrain favorable à l'émergence des fausses informations ou de rumeurs, rendant ainsi la communication plus difficile, particulièrement en temps de crise ou d'incertitude (OCDE, 2020[4]).

En vertu de la loi sur l'accès à l'information adoptée en mars 2018 et entrée en vigueur en 2019, les entités publiques marocaines sont désormais tenues de diffuser de manière proactive leurs données, et ce par tous les moyens possibles de publication (Royaume du Maroc, 2018[15]).

La mise en œuvre du droit d'accès à l'information et la publication de données ouvertes sont de puissants leviers d'action vers une administration plus transparente et inclusive. À ce titre et pour en accroitre davantage l'application, le MEFRA a diffusé en juin 2020 une circulaire incitant les administrations, tant au niveau central que déconcentré, à se conformer au cadre légal (Ministère de l'Économie, des Finances et de la Réforme de l'Administration, 2020[16]). Les administrations peuvent par ailleurs s'appuyer sur une valise de formation développée par le Ministère de l'Intérieur ainsi que sur le guide pratique relatif à la mise en œuvre de la loi élaboré par le MEFRA avec le soutien de l'OCDE (Royaume du Maroc, 2020[17]). Ce guide a pour objectif d'aider les fonctionnaires à mieux comprendre les droits et recours des citoyens en matière d'accès à l'information, de renforcer son application et la diffusion proactive de données.

Plusieurs mesures ont également été adoptées afin de renforcer la mise en œuvre de ce droit à tous les niveaux. Le Ministère de l'Intérieur a évoqué lors de la mission de revue par les pairs avoir désigné un ou plusieurs points focaux au niveau de chaque collectivité territoriale. 1 924 points focaux ont ainsi été nommés sur l'ensemble du territoire marocain. Une convention a également été signée avec la Commission du droit d'accès à l'information (CDAI) pour suivre l'appréhension et la gestion de la loi au niveau infranational. À cela se sont ajoutés également un kit d'instruction sur ce droit et la formation de 16 formateurs. Leur action de dissémination des connaissances auprès de l'ensemble des collectivités territoriales a démarré en décembre 2019 pour s'achever en avril 2021, en parallèle de la publication d'un guide sur la gestion du droit d'accès à l'information au niveau de ces collectivités sur le Portail national y afférent.

Des actions ont aussi été entreprises pour étendre aux collectivités territoriales l'usage de la plateforme Chafafiya,[2] auparavant uniquement disponible pour les départements ministériels. Plus de 1 500 collectivités territoriales disposent désormais d'une adresse email pour recevoir les demandes d'accès à l'information formulées en ligne. Des actions de sensibilisation pour les élus sont également prévues.

Les enjeux et défis de la communication publique au niveau régional au Maroc

La communication publique au niveau infranational, portée par l'ensemble des collectivités territoriales et des organismes publics locaux, contribue à la mise en œuvre des principes du gouvernement ouvert sur l'ensemble du territoire marocain et à la confiance des citoyens en l'administration. Elle gagne en importance à mesure que le rôle et les compétences des régions se développent dans le contexte de la régionalisation avancée.

Les conseils régionaux ont un effort de pédagogie substantiel à mener auprès des citoyens et médias au sujet de leurs compétences et actions sur un vaste éventail de politiques publiques tel que défini par le processus de régionalisation avancée.

Ce dernier a créé un nouveau découpage régional et modifié les compétences propres, transférées et partagées des différentes collectivités territoriales nouvellement refondées (pour celles des conseils de régions, voir tableau 1.1).

Tableau 1.1. Compétences des conseils régionaux marocains

	Compétences	
Compétences propres	• plan de développement régional • aménagement du territoire • développement économique • environnement • coopération internationale	• formation professionnelle • développement rural • transports • patrimoine culturel
Compétences partagées[1]	• investissements régionaux • développement économique • développement rural • tourisme	• développement social (par exemple : sports, loisirs) • environnement • culture
Compétences transférées[2]	• infrastructure régionale • santé • industrie • commerce • éducation	• culture • sports • énergie • eau • environnement

Note :
1. Compétences partagées mises en œuvre dans le cadre de contrats passés avec l'État sur le développement économique local.
2. Attribuées aux régions sur la base du principe de subsidiarité.
Source : adapté de la Loi organique n.111-14 de 2015.

Dans ce cadre, le conseil régional est aujourd'hui un échelon privilégié de la participation citoyenne via de nouveaux outils et mécanismes de concertation et de mobilisation (instances consultatives, ouverture des sessions du conseil régional au public, planification territoriale participative). La mise en place et le fonctionnement de ces outils passent notamment par une communication efficace auprès des différentes parties prenantes.

La régionalisation avancée reste cependant un processus récent et en cours d'ancrage. Comme souligné au cours des échanges avec les représentants des régions et de la société civile, les conseils régionaux sont des institutions récemment créées dont le rôle, les compétences, l'organisation et le fonctionnement sont mis en place pour la première fois, ce qui nécessite un temps d'adaptation pour toutes les parties prenantes. De plus, le manque de clarté dans la définition de certaines compétences des Régions, par exemple dans le cas de la gestion des organismes de formation de l'ANAPEC,[3] constitue un défi dans le transfert et la mise en place des compétences des conseils de région (OCDE, 2019[18] ; Al Mountada, 2019[19]).

Un approfondissement de la clarification des responsabilités déconcentrées et décentralisées

Les échanges lors de la mission de revue par les pairs soulèvent une nécessité de poursuivre les efforts entamés pour que les responsabilités de la wilaya de Région,[4] soit l'administration déconcentrée de l'État, et du conseil régional, collectivité territoriale décentralisée soient bien comprises des citoyens (OCDE, 2020[20]). Bien que leurs rôles et compétences respectifs soient explicitement définis par le cadre légal et réglementaire (tableau 1.1), les citoyens peuvent en avoir une compréhension plus confuse notamment lorsque les administrations déconcentrées et décentralisées agissent sur un même territoire et sur des compétences partagées (tableau 1.1).

Poursuivre les efforts mis en œuvre tant par les échelons déconcentrés que décentralisés pour clarifier la mise en œuvre de ces responsabilités auprès du public via une communication fluide et transparente est essentiel (OCDE, 2020[20]), tout comme dans de nombreux pays à l'image de la France (encadré 1.3). Bien que des efforts soient déjà engagés en ce sens, une pédagogie sur les principaux projets menés demeure à exploiter afin de sensibiliser les citoyens à l'importance de cet échelon.

Encadré 1.3. Mesurer la consommation de la communication locale en France

Le Baromètre de la communication locale est basé sur une enquête mesurant l'opinion des Français sur les supports édités par les collectivités locales. L'enquête est présentée comme un outil à disposition des « communicants publics et aux élus pour comprendre l'usage et la perception de la communication locale par les Français. »

L'un des résultats du Baromètre de 2018, mené après la réorganisation des régions françaises, indiquait par exemple que 54% des personnes interrogées ne pouvaient pas donner spontanément le nom administratif de leur région.

Source : adapté d'un extrait du *Baromètre de la communication locale*, octobre 2018, consulté le 27 novembre 2020 (Epiceum et Harris Interactive, 2018[21]).

Des ressources limitées

Un autre défi mis en avant par les interlocuteurs rencontrés lors de la mission de revue par les pairs dans la mise en œuvre effective de la régionalisation avancée concerne le manque de ressources financières et techniques (OCDE, 2017[22]). Cela affecte la mise en place d'une communication publique efficace et cohérente au niveau des conseils de région notamment. Les réponses au questionnaire et la mission de revue par les pairs soulignent que les personnes chargées de la communication du conseil régional manquent souvent de l'expérience nécessaire à leur fonction. Ces difficultés d'organisation mais aussi les ressources financières, humaines et techniques sont abordées plus en détail dans la suite de ce Scan.

Si les ressources restent à consolider au sein des deux conseils régionaux pilotes, il existe cependant un réseau informel d'échange d'informations et de bonnes pratiques entre les communicants travaillant au sein des régions. Le partage d'expérience peut aider, à moindre coût, à répondre à certains besoins. Les discussions ont lieu dans le cadre des réunions de l'Association des Régions du Maroc (ARM), par emails ou messages instantanés entre présidents et directeurs généraux des services.

Le Scan se fonde sur les expériences de deux régions pilotes du Maroc qui présentent des caractéristiques socio-économiques distinctes et sont à des stades différents dans leur approche du gouvernement ouvert. Néanmoins, le taux d'analphabétisme qui demeure élevé dans les deux régions et la fracture numérique qui existe entre milieu urbain et milieu rural représentent des défis importants pour ces deux conseils régionaux dans leur communication avec les citoyens.

En effet, située au centre du Maroc, la région de Béni Mellal-Khénifra (7 % de la population totale du pays) comptait, en 2018, 49 % de sa population en milieu rural. Avec un taux de chômage de 6 %, en deçà de la moyenne nationale (10 %) et une population particulièrement jeune (29 % des habitants ayant moins de 15 ans (Royaume du Maroc, 2019[23])), Béni-Mellal-Khénifra enregistre par ailleurs le taux d'analphabétisme le plus élevé du pays avec 39 %, contre 32% en moyenne (Royaume du Maroc, 2017[24]). Bien que ce taux soit en baisse, il reste élevé, notamment en milieu rural, pour les femmes (62 % des femmes en milieu rural et 50 % en milieu urbain) et les tranches d'âge les plus élevées (72 % chez les plus de 50 ans) (Royaume du Maroc, 2017[25]).

La région de Tanger-Tétouan-Al Hoceima (11 % de la population marocaine) est essentiellement urbaine ou périurbaine, bien qu'une part importante de la population (39 %) soit rurale (Royaume du Maroc, 2019[23]). Le taux de chômage dans la région atteint 8 %. 45 % de la population a moins de 24 ans, une répartition démographique similaire à celle de l'ensemble du pays, mais avec un taux d'analphabétisme inférieur à la moyenne nationale (31 %) (Royaume du Maroc, 2017[25]).

En termes numériques, s'il n'existe pas de statistiques au niveau régional, l'enquête de l'Agence Nationale de Réglementation des Télécommunications (ANRT) montre qu'en 2018, seulement 57 % des ménages marocains en milieu rural avaient accès à Internet (ANRT, 2019[26]), pour un total d'environ 20 millions d'utilisateurs marocains (pour une population estimée à 36 millions d'habitants en 2018) (Royaume du Maroc, 2019[23]).

En outre, un certain retrait de l'engagement politique a également été souligné par les acteurs de la société civile de la région de Béni-Mellal Khénifra lors de la mission de revue par les pairs, illustré par un taux de participation de 30 %, inférieur à la moyenne nationale constatée, dans les deux régions lors des élections législatives de 2016 (Jeune Afrique, 2016[27]). Cette baisse de mobilisation a été constatée à l'échelle nationale, mais les résultats définitifs nationaux s'établissaient à 43 % (6.8 millions d'électeurs sur 15.7 millions de personnes habilitées à voter) contre 53 % lors des élections régionales et communales de 2015 (Le Monde, 2015[28]) et 45 % aux législatives de 2011 (APCE, 2016[29]).

La région de Tanger-Tétouan-Al Hoceima est engagée depuis plusieurs années dans une dynamique de renforcement du gouvernement ouvert au niveau infranational. Elle est ainsi la première collectivité territoriale du pays à avoir candidaté au PGO local et à l'avoir intégré en novembre 2020. Par ailleurs, la région bénéficie du programme « TASHAROC »[5] (2017-2021), qui vise notamment à accompagner le développement et la mise en œuvre d'une stratégie de communication comme levier pour le développement régional ainsi qu'à former les agents régionaux.

La région de Béni Mellal-Khénifra a lancé plusieurs initiatives et projets dans le cadre du plan d'action national du gouvernement ouvert et cherche aujourd'hui à renforcer la mise en œuvre des principes connexes à l'échelle de son territoire. Selon les dernières informations recueillies auprès des représentants de la région lors de la mission de revue par les pairs, celle-ci a récemment entamé le processus de co-création de sa candidature au PGO pour 2021. Le conseil régional doit désormais déterminer les principaux thèmes et partenaires de la société civile qui feront partie de cette candidature.

Dans les deux régions, on observe globalement des efforts récents de renforcement de la communication publique avec les citoyens, en lien avec les engagements pris aux niveaux national et régional en matière de gouvernement ouvert. Des défis subsistent cependant et sont explorés dans les chapitres suivants. En effet, alors qu'une prise de conscience de son importance est manifeste parmi l'ensemble des acteurs rencontrés, la communication publique peut être exploitée plus pleinement comme levier stratégique pour l'élaboration et la mise en œuvre de politiques publiques. Cela se traduira dans les faits à mesure que des ressources humaines et financières et des stratégies se renforceront et que la professionnalisation en cours s'ancrera (Chapitre 2). Si les deux conseils de région utilisent divers canaux pour informer les citoyens et les médias, la mise en place de lignes directrices permettrait de mieux engager et inclure les citoyens plus efficacement, notamment via les outils numériques et réseaux sociaux (Chapitre 3).

Recommandations

En termes de stratégies et structures

Pour contribuer au plein usage de la communication comme levier notamment de transparence, de redevabilité et de participation des parties prenantes, développer et renforcer des documents stratégiques dédiés et explicitant ses objectifs, messages, canaux, médias, moyens et échéances est central dans ce contexte (Chapitre 2). Une fois consolidées, les stratégies doivent faire l'objet d'une dissémination interne et être connues non seulement des services mais aussi à l'extérieur des administrations concernées. Ces documents s'adossent généralement à des plans d'action, suivis et évalués, pour en mesurer l'impact et tirer les enseignements de la pratique. Il s'agit là d'une mesure clé, encouragée à tous les niveaux (OCDE, 2019[3]).

En outre, ancrer une approche plus collaborative et inclusive de leur définition comme de leur mise en œuvre, suivi et évaluation, est utile pour en accroitre la portée au sein des services et au-delà et l'acceptabilité par l'ensemble des parties prenantes. Créer des partenariats avec le secteur privé, la société civile et les universités pour recueillir leurs avis, analyses et contributions à différents stades du développement, de la mise en œuvre et de l'évaluation des activités est également encouragé.

En termes de renforcement des fonctions de communication au sein des régions

Les structures de communication au sein des administrations des conseils régionaux marocains sont essentielles à la mise en œuvre des ambitions formulées (Chapitre 2). Les personnes interrogées dans le cadre du questionnaire et de la mission de revue par les pairs ont indiqué que les fonctions existantes sont liées à la direction générale des services ou à la présidence, assurant un appui de haut niveau. Ils ont par ailleurs précisé qu'une entité dédiée n'a pas formellement d'existence dans l'organigramme ou vient d'y être ajoutée et est en cours de recrutement. L'existence d'une unité ou d'un service permettrait, par exemple, de renforcer l'efficacité, la coordination des activités, avec des missions et des budgets explicitement attribués.

Au sein de ces entités, recenser et valoriser les compétences des communicants publics assurerait qu'elles répondent aux besoins des collectivités, notamment à travers la mise en place de formations et le recrutement de personnel qualifié, appelés des vœux des responsables administratifs interrogés. La rédaction d'un « manuel du communicant » ou de fiches pratiques, en plus de l'adaptation pour l'échelon territorial du Guide élaboré au niveau national, pourraient soutenir les fonctions dédiées au niveau local dans leurs missions.

Renforcer le réseau de communicants régionaux ou locaux contribuera par ailleurs à favoriser le partage de bonnes pratiques entre ce réseau et celui établi au niveau national notamment. Ces échanges peuvent parfois contribuer à combler certains besoins, à moindre coût, en utilisant les synergies locales ou les réalisations et expériences d'autres communicants dans un projet ou domaine similaire.

En termes d'accès à l'information

Faciliter la pleine mise en œuvre du droit d'accès à l'information peut passer par un usage plus stratégique des outils de communication numériques (Chapitre 3). Un nombre croissant de plateformes, sites, portails et réseaux sociaux sont employés par les administrations, à l'image du portail d'accès à l'information Chafafiya.ma qui permet aux citoyens de déposer des demandes d'accès à certaines informations auprès de différentes administrations. Appréhendés de façon participative, ils peuvent non seulement permettre de recueillir les demandes, les avis et contributions des citoyens, mais aussi d'y répondre et d'échanger à leur sujet, par exemple via la mise en place d'espaces contributifs ou de consultations sur les sites et réseaux sociaux des administrations.

En outre, développer la publication proactive de données, diversifier les données collectées et publiées et les mettre à jour régulièrement sur les plateformes existantes est un axe majeur à exploiter pour maintenir les individus informés et renouer leur confiance quant à la transparence, l'intégrité et la redevabilité des décisions publiques. Cela passe notamment par la mise en ligne proactive de jeux de données, dans des formats permettant leur réutilisation, sur des enjeux de proximité qui intéresseraient particulièrement les citoyens (tels que le budget participatif, les données décisionnelles et financières de grand projets, les partenariats signés, etc.), et en recueillant par exemple les attentes des parties prenantes afin de s'assurer de cibler les jeux de données qui leur seraient utiles.

En termes de supports de communications

Définir une stratégie numérique et des procédures pour les sites et réseaux sociaux est essentiel pour clarifier les modalités de présence en ligne et établir des lignes directrices en termes de validation et publication des informations, de réponse et d'interactions. Elles permettent par ailleurs d'assurer l'adaptation des contenus aux pratiques numériques et favorise l'engagement des citoyens. Au-delà de la mise à jour régulière de ces instruments, leur caractère participatif et inclusif, y compris auprès des publics les plus éloignés ou marginalisés, peut être accru par l'utilisation d'infographies, de photographies, de vidéos et l'intégration de liens vers d'autres plateformes participatives (Chapitre 3).

Enfin, développer l'analyse des publics cibles assurerait un usage plus stratégique et efficace, tenant compte d'une compréhension des audiences, des attentes des citoyens et de leurs préférences en termes d'usage des canaux et d'accès à l'information.

Références

Agence Nationale de Réglementation des Télécommunications (2019), *Le Memo: Analyse de l'évolution du secteur des télécommunications au Maroc*, https://www.anrt.ma/sites/default/files/publications/2019_t4_tb_analyse-fr.pdf (consulté le 27 novembre 2020). [12]

Al Mountada (2019), *La Régionalisation Avancée au Maroc*, https://almountada.ma/pdf/al_mountada_publication_regionalisation_avancee_maroc.pdf (consulté le 27 novembre 2020). [19]

ANRT (2019), *Enquête de collecte des indicateurs TIC aurpès des ménages et des individus au niveau national au titre de l'année 2018 : Résultats*, https://www.anrt.ma/sites/default/files/publications/enquete-tic-2018.pdf (consulté le 27 novembre 2020). [26]

APCE (2016), *Doc. 14201 rev (2016) - Observation des élections législatives au Maroc (7 octobre 2016)*, https://assembly.coe.int/nw/xml/XRef/Xref-XML2HTML-fr.asp?fileid=23193&lang=fr (consulté le 30 novembre 2020). [29]

Cap'Com (2020), *Infographie de la communication publique*, https://www.cap-com.org/infographie-de-la-communication-publique (consulté le 27 novembre 2020). [5]

DataReportal (2020), *Digital 2020: Morocco*, https://datareportal.com/reports/digital-2020-morocco?rq=morocco (consulté le 27 novembre 2020). [13]

Epiceum et Harris Interactive (2018), « Baromètre de la Communication Locale - Octobre 2018 », vol. 5/Octobre 2018. [21]

Jeune Afrique (2016), *Législatives au Maroc : fermeture des bureaux de vote, taux de participation faible à 17 heures – Jeune Afrique*, https://www.jeuneafrique.com/363832/politique/legislatives-maroc-fermeture-bureaux-de-vote-taux-de-participation-faible-a-17-heures/ (consulté le 30 novembre 2020). [27]

Kayyali, A. (2020), *The Arab World's Trust in Government and the Perils of Generalization – Arab Barometer*, https://www.arabbarometer.org/2020/06/the-arab-worlds-trust-in-government-and-the-perils-of-generalization/ (consulté le 27 novembre 2020). [1]

La Lettre Pro de la Radio (2020), *Kantar dévoile les résultats de l'Africascope Maghreb 2019*, https://www.lalettre.pro/Kantar-devoile-les-resultats-de-l-Africascope-Maghreb-2019_a23025.html (consulté le 27 novembre 2020). [11]

Le Monde (2015), *Au Maroc, bons résultats du parti islamiste aux élections locales*, https://www.lemonde.fr/international/article/2015/09/06/au-maroc-bons-resultats-du-parti-islamiste-aux-elections-locales_4747146_3210.html (consulté le 30 novembre 2020). [28]

Ministère de l'Économie, des Finances et de la Réforme de l'Administration (2020), *Circulaire de Monsieur le Ministre de l'Economie, des Finances et de la Réforme de l'administration n°05/2020 relative à la mise en œuvre du droit d'accès à l'information*, https://www.mmsp.gov.ma/uploads/documents/CirculaireDAI_05-2020_17062020.pdf (consulté le 27 novembre 2020). [16]

Ministère de l'Économie, des Finances et de la Réforme de l'Administration (2020), *Cocréation du plan d'action national 2021-2022*, http://www.gouvernement-ouvert.ma/co-creation.php?lang=fr (consulté le 27 novembre 2020). [7]

Ministère de l'Économie, des Finances et de la Réforme de l'Administration (2018), *Portail du gouvernement ouvert*, http://www.gouvernement-ouvert.ma/axes.php?lang=fr (consulté le 27 novembre 2020). [9]

OCDE (2020), *La modernisation de l'administration locale dans la région de Tanger-Tétouan-Al Hoceima*, OCDE, Paris, http://www.oecd.org/mena/governance/modernisation-administration-locale-dans-la-region-de-tanger-tetouan-al-hoceima.pdf (consulté le 16 décembre 2020). [20]

OCDE (2020), « Transparence, communication et confiance : Le rôle de la communication publique pour combattre la vague de désinformation concernant le nouveau coronavirus », *Les réponses de l'OCDE face au coronavirus (COVID-19)*, Éditions OCDE, Paris, pp. 1-14, https://doi.org/10.1787/1d566531-fr. [4]

OCDE (2019), *Le gouvernement ouvert à Salé au Maroc*, Examens de l'OCDE sur la gouvernance publique, Éditions OCDE, Paris, https://dx.doi.org/10.1787/dbb8859a-fr. [18]

OCDE (2019), *Panorama des administrations publiques 2019*, Éditions OCDE, Paris, https://dx.doi.org/10.1787/8be847c0-fr. [2]

OCDE (2019), *Voix citoyenne au Maroc : Le rôle de la communication et des médias pour un gouvernement plus ouvert*, Examens de l'OCDE sur la gouvernance publique, Éditions OCDE, Paris, https://dx.doi.org/10.1787/9789264306608-fr. [3]

OCDE (2017), *Accompagner les réformes de la gouvernance locale au Maroc : Guide de bonnes pratiques*, OCDE, Paris, https://www.oecd.org/mena/governance/accompagner-les-reformes-de-la-gouvernance-locale-au-maroc.pdf. [22]

OCDE (2017), *Recommandation du Conseil sur le Gouvernement Ouvert*, OCDE, Paris, https://legalinstruments.oecd.org/fr/instruments/OECD-LEGAL-0438 (consulté le 27 novembre 2020). [6]

Royaume du Maroc (2021), *Cocréation du plan d'action national 2021-2023*, https://www.gouvernement-ouvert.ma/co-creation.php?lang=fr (consulté le 19 mars 2021). [8]

Royaume du Maroc (2020), *Le droit d'accès à l'information : Guide relatif à la loi no 31.13*, https://www.mmsp.gov.ma/uploads/documents/Guide_DAI_VersionFrancaise.pdf (consulté le 27 novembre 2020). [17]

Royaume du Maroc (2019), *Le Maroc en Chiffres 2019*, http://www.bmcebank.ma (consulté le 13 mars 2021). [23]

Royaume du Maroc (2018), *Loi 31-13 relative au droit d'accès à l'information*, https://www.ilo.org/dyn/natlex/docs/ELECTRONIC/107094/131706/F-985611108/MAR-107094.pdf (consulté le 27 novembre 2020). [15]

Royaume du Maroc (2018), *Plan National de la Réforme de l'Administration 2018-2021*. [10]

Royaume du Maroc (2017), *Monographie régionale Béni Mellal-Khénifra 2017*, Haut Commissariat au Plan, https://www.hcp.ma/region-drta/docs/Publications/Monographie%20R%20gionale%20BMK%202017.pdf (consulté le 27 novembre 2020). [25]

Royaume du Maroc (2017), « Note d'information du Haut-Commissariat au Plan à l'occasion de la journée internationale de l'alphabétisation du 8 septembre 2017 ». [24]

UNICEF (2018), *Les enfants, les jeunes et les médias au Maroc*, https://www.unicef.org/morocco/media/1401/file/les%20enfants,%20les%20jeunes%20et%20les%20médias.pdf (consulté le 27 novembre 2020). [14]

Notes

[1] En 2019, 86 % de la population marocaine utilisait quotidiennement la télévision et 65 % de la population marocaine écoutait chaque jour la radio selon l'étude *Africascope Maghreb 2019*.

[2] Le portail d'accès à l'information Chafafiya permet aux citoyens de déposer des demandes d'accès à certaines informations auprès de différentes administrations. Le dépositaire d'une demande peut ensuite suivre sa demande depuis le dépôt jusqu'à la réception de sa réponse finale, et recevoir des notifications à chacune des étapes.

[3] L'Agence Nationale de Promotion de l'Emploi et des Compétences (ANAPEC) est l'agence publique marocaine qui contribue à l'organisation et à la mise en œuvre des programmes de promotion de l'emploi qualifié décidés par les pouvoirs publics.

[4] Au Maroc, une wilaya correspond à la division administrative déconcentrée de l'État qui existe en parallèle du Conseil de région (collectivité territoriale). Le wali qui la dirige est nommé par le roi.

[5] TASHAROC est un programme financé par le gouvernement britannique et mis en œuvre par « DAI Europe » en partenariat avec « l'Institut National Démocratique » (NDI) et « Golden Resources Solutions ». Le programme apporte un appui dédié à la région Tanger-Tétouan-Al Hoceima, visant à renforcer le processus de décentralisation, de la bonne gouvernance, et de la démocratie participative dans l'élaboration, la mise en œuvre, et l'évaluation des politiques publiques au niveau régional, et ce à travers : (1) Le renforcement des capacités des acteurs régionaux – principalement le Conseil de la Région Tanger – Tétouan – Al Hoceima - afin qu'ils puissent s'acquitter au mieux du rôle qui leur a été attribué dans le cadre de la loi organique 111.14 ; (2) La consolidation et le renforcement des mécanismes de collaboration, de concertation, et de participation citoyenne entre le conseil de la région et les acteurs régionaux, notamment la société civile et les instances consultatives ; (3) Le développement et la mise en œuvre d'une stratégie de communication susceptible de servir comme levier pour le succès du développement régional.

2 Gouvernance et organisation de la communication publique des régions de Béni Mellal-Khénifra et de Tanger-Tétouan-Al Hoceima, Maroc

Ce chapitre analyse l'approche, le cadre et la gouvernance de la communication publique des deux régions, et son impact pour contribuer aux principes de gouvernement ouvert à l'échelon régional. Il revient sur les principaux éléments permettant à la communication de contribuer à une plus grande transparence de la vie publique et une participation citoyenne renforcée.

La circulation de l'information au niveau local est primordiale pour la communication efficace de l'État dans son ensemble et l'interaction avec les citoyens dans le contexte de la décentralisation en cours. Considérant les dispositions de la Constitution et de la loi organique relative aux régions, les Conseils régionaux se sont vus attribuer un devoir d'information des citoyens quant à leurs travaux et initiatives. Cela est notamment consacré par l'article 27 de la Constitution de 2011 sur le droit à l'information, les articles 6 et 7 sur la participation et l'article 13 relatif à la création d'espaces publics de dialogue entre citoyens et pouvoirs publics et d'engagement dans l'élaboration, la mise en œuvre et l'évaluation des politiques publiques (Royaume du Maroc, 2011[1]). La loi organique relative aux régions a ensuite mis l'accent sur la démocratie et l'État de droit ainsi que la modernisation des structures étatiques, tout en inscrivant le citoyen au centre de cette dynamique de réforme pour assurer l'application de ces droits sur tout le territoire (OCDE, 2020[2]).

Le dialogue avec les citoyens et leur participation sont aussi des éléments essentiels à une gouvernance plus ouverte. Au Maroc, leur importance s'est traduite par la mise en place d'instances consultatives auprès des Conseils régionaux par exemple. Si les échanges soulignent que leurs rôles et responsabilités, ainsi que la fréquence des rencontres, se définissent progressivement (OCDE, 2020[2]), ces instruments permettent le débat, la diffusion d'informations et la remontée de données et expériences entre collectivités territoriales et citoyens.

La communication publique joue un rôle essentiel pour assurer l'effectivité de la circulation de l'information et de la participation citoyenne. Pour en permettre la mise en pratique, une vision stratégique et structurée qui s'appuie sur une gouvernance, des procédures et des ressources robustes est nécessaire. Les axes clés d'une communication publique efficace pour une administration plus ouverte à l'échelon régional sont analysés dans le présent chapitre. Il détaille les aspects centraux pour ce faire au sein des deux collectivités pilotes :

- l'élaboration des documents stratégiques, fondés sur des objectifs clairs et une approche inclusive
- l'importance de leur évaluation
- le renforcement nécessaire des structures et fonctions spécifiques
- l'attribution de ressources financières adéquates.

L'élaboration et la mise en œuvre d'une stratégie cohérente et inclusive

Une stratégie s'entend comme le cadre qui fixe l'orientation de toutes les actions de communication. Elle englobe notamment la définition des objectifs à atteindre, la construction des messages, le choix des canaux et des outils utilisés, l'identification des publics cibles, les propositions budgétaires et le calendrier de mise en œuvre. En d'autres termes, il s'agit d'un cadre (national, local, ou institutionnel) définissant l'approche globale et l'orientation des initiatives à mener, ainsi que les objectifs à court, moyen et long terme (OCDE, 2017[3]).

De façon plus concrète, c'est un document écrit, dont la validité dans le temps est définie et limitée, mentionnant explicitement les domaines couverts, et qui fournit une description unique et cohérente d'une solution à un problème. L'objectif d'une stratégie est de répondre aux questions « Quoi ? », « Pourquoi ? » et « Qui ? ». Elle s'articule au plan de communication, un document fournissant des détails pour répondre aux questions « quand ? » et « Comment? », en assignant notamment des objectifs précis aux différentes activités.

Des efforts sont en cours pour développer une approche stratégique dans les deux régions marocaines. Les échanges lors de la mission de revue par les pairs du Conseil régional de Beni Mellal Khénifra ont souligné l'existence d'un document d'orientation. Ce schéma directeur couvre plus largement la transformation digitale de l'administration mais inclut un volet « communication ». Une volonté de s'équiper d'un plan et d'une approche plus stratégique a été soulignée, mais pour lesquels les capacités et moyens manquent actuellement. Pour sa part, et après la réalisation d'un diagnostic, Tanger Tétouan Al Hoceima envisage de se doter d'une stratégie définissant des objectifs, des actions, des cibles et des messages, une fois les moyens humains recrutés pour ce faire. Ces efforts se traduisent progressivement dans les fonctions et les instruments mis en place, dans la limite des moyens disponibles.

Cependant, les orientations des deux régions marocaines ne constituent pas encore une stratégie de communication publique, au regard des éléments de définition précités. En effet, les orientations existantes n'incluent pour l'instant pas la formulation d'objectifs puis d'activités, et s'appuient sur des moyens humains et financiers encore limités. Par ailleurs, un processus de définition de la stratégie inclusif et participatif sera profitable à leur formulation (voir ci-après).

Il est essentiel en premier lieu de s'assurer que l'approche adoptée est stratégique et inclusive. Ceci sous-entend d'une part que les procédures visent à définir un cadre cohérent fondé sur une analyse des défis et opportunités en matière de communication. Une approche inclusive nécessite d'autre part l'utilisation d'un ensemble de formes d'intégration des parties prenantes au cycle de définition, mise en œuvre et évaluation des stratégies.

Définir les documents et objectifs stratégiques

Le schéma directeur communiqué par l'administration de Beni Mellal Khénifra affiche une approche de transformation digitale du fonctionnement du Conseil régional. Il spécifie des moyens de diffusion de l'information publique (un portail et une application mobile) et se focalise sur l'amélioration des outils et procédures de gestion de l'information de la collectivité territoriale tels que la création d'applications facilitant l'accès aux services comme les demandes de subventions par exemple ou encore permettant une gestion documentaire et des sessions des commissions et conseil entièrement dématérialisée. Tanger Tétouan Al Hoceima affiche notamment le souhait de renforcer la notoriété de la Région, son positionnement à travers des activités vers le citoyen, de communiquer sur son programme de développement et en quoi il répond aux besoins des citoyens et du territoire.

Plusieurs pays de l'OCDE, ainsi que certains de leurs échelons infranationaux, ont opté pour une définition précise des buts, publics, actions, priorités, échéances et budgets par le biais de stratégies et plans de communication. C'est le cas par exemple des attentes définies par la Ville de Campbelltown (encadré 2.1).

> **Encadré 2.1. Le plan de communication du Conseil municipal de Campbelltown City (2017-2022)**
>
> La Ville de Campbelltown, dans l'État de Nouvelle-Galles du Sud en Australie, a développé son plan de communication pour assurer la clarté et la cohérence de son approche et des procédures internes et externes. En tant que document stratégique, le plan cartographie les objectifs à court, moyen et long termes, et les indicateurs visant à en mesurer la performance. Il contient également une matrice qui permet de suivre la progression basée sur des informations claires relatives aux :
>
> - objectifs
> - actions concrètes
> - niveaux de priorité
> - agents responsables
> - nécessités budgétaires
> - échéances.
>
> Ce plan a été développé en synergie avec le cadre plus large de planification stratégique de la Ville, qui rassemble le Plan stratégique révisé « Vers 2020 », son Guide de style et sa Stratégie pour les médias électroniques. Le plan de communication fait également référence à la Stratégie centrale de communication du Bureau du Premier Ministre et Gouvernement d'Australie.
>
> Source : Conseil municipal de Campbelltown (2017), Communications Management Plan 2017-2022, disponible en ligne : https://www.campbelltown.sa.gov.au/webdata/resources/files/Communications%20Plan.pdf.

L'insertion d'objectifs explicites dans les stratégies est une composante clé d'une communication efficace. Malgré l'absence de véritable document stratégique à ce jour, les échanges avec les pairs ont souligné l'existence d'objectifs assignés aux communicants lors du recrutement ou définis par activité avec leur hiérarchie. Il ressort des réponses au questionnaire de l'OCDE que parmi les cinq principaux objectifs assignés aux fonctions dédiées, trois sont communs aux deux conseils régionaux et mettent l'accent sur un positionnement plus stratégique, ainsi que la présence des administrations via des canaux digitaux et la clarté des messages (graphique 2.1).

Graphique 2.1. Les 5 principaux objectifs de la fonction de communication au sein des régions

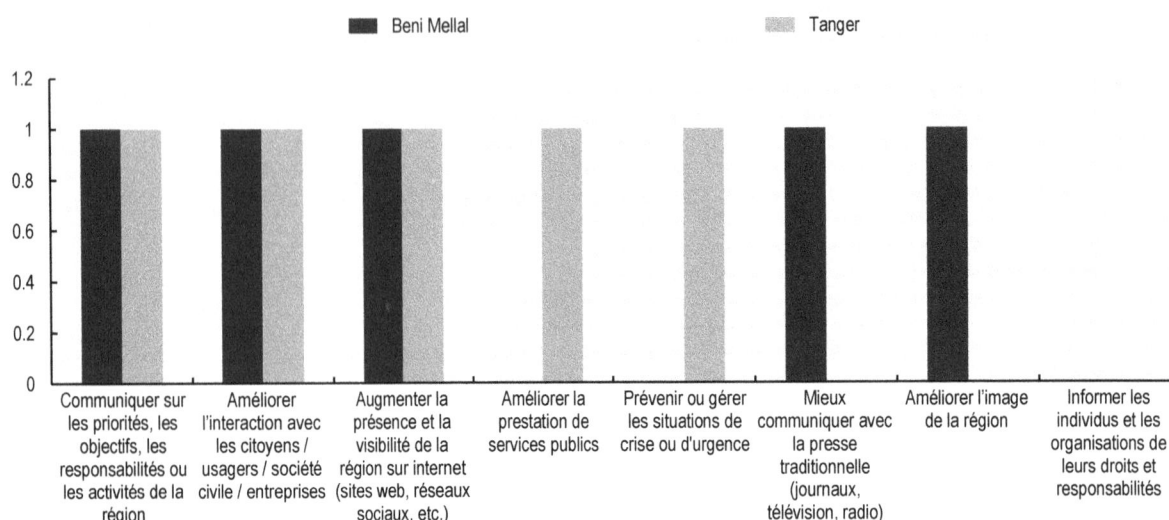

Source : OCDE (2020), « Le rôle de la communication publique au niveau régional pour un Gouvernement plus ouvert au Maroc », Questionnaire.

En outre, le Conseil de la Région de Beni Mellal-Khénifra utilise la communication publique pour améliorer son image et mieux communiquer avec la presse, alors que Tanger-Tétouan-Al Hoceima priorise des objectifs d'amélioration de la prestation de services publics et de prévention ou de gestion des situations de crises ou d'urgence. Néanmoins, pour les deux collectivités, l'information des citoyens et entreprises quant à leurs droits et responsabilités n'est pas sélectionnée. Les échanges lors de la mission de revue par les pairs ont pointé que certaines actions privilégient parfois des cibles plus éloignées (par exemple, la diaspora) et moins les usagers de proximité. Toutefois, faire en sorte que les messages soient clairement définis selon les différentes audiences et diffusés contribue à accroître l'engagement et la participation des citoyens et parties prenantes et donc *in fine* aux principes du gouvernement ouvert à l'échelon local, et à l'ancrage à plus long terme d'une communication publique stratégique.

En interne, une priorité commune, « augmenter le financement des actions de communication » (graphique 2.2), est en cohérence avec les ressources actuelles limitées et un objectif d'augmentation de la présence des Régions et des échanges avec les citoyens/usagers dégagée ci-avant (graphique 2.1). Cependant, « améliorer la visibilité de la fonction communication au sein de la Région » ne figure pas parmi les trois principales priorités des deux collectivités territoriales (graphique 2.2). Or cet aspect est un préalable à l'ancrage et à la diffusion d'une approche stratégique, ouverte et participative, au sein-même des administrations.

Graphique 2.2. Les trois principales priorités en matière de communication interne des régions

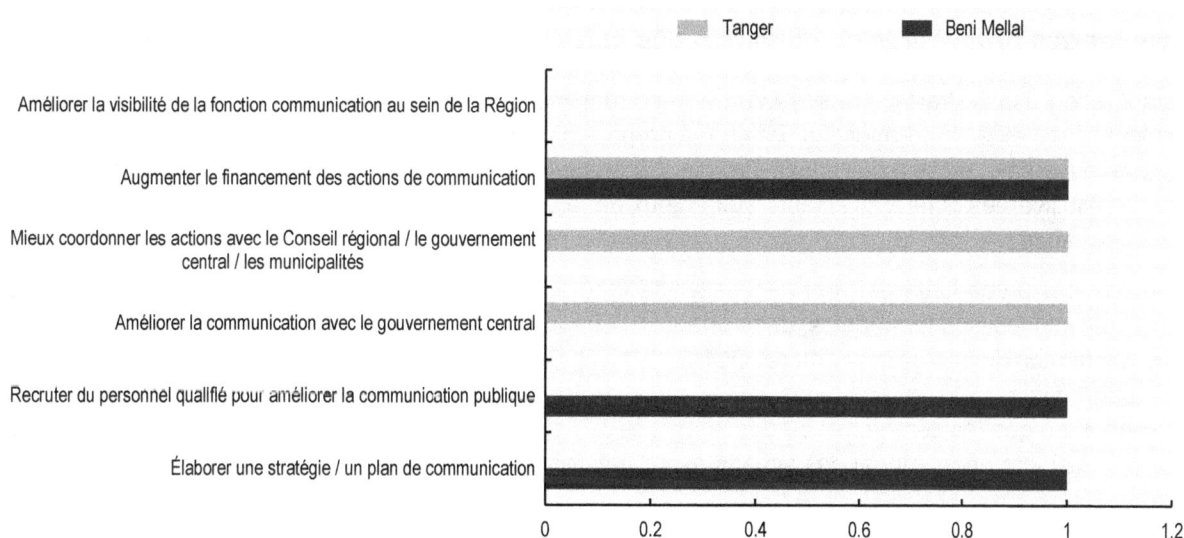

Source : OCDE (2020), « Le rôle de la communication publique au niveau régional pour un Gouvernement plus ouvert au Maroc », Questionnaire.

En termes de communication externe, on note que certains objectifs dont la mise en œuvre nécessite des méthodes et compétences plus complexes sont moins ou pas sélectionnés, comme par exemple la prévention ou la gestion de crise qui nécessite davantage de moyens. Il est probable que les objectifs évolueront à mesure que les procédures et méthodes gagneront en modernité et en complexité. Ainsi, « mieux communiquer avec des groupes-cibles » n'est une priorité sélectionnée par aucune des deux Régions (graphique 2.3). Or, analyser et cibler les audiences à atteindre demeure un préalable essentiel et pourrait évoluer à mesure que la stratégie et les fonctions se renforceront.

Graphique 2.3. Les trois principales priorités de communication externe des régions

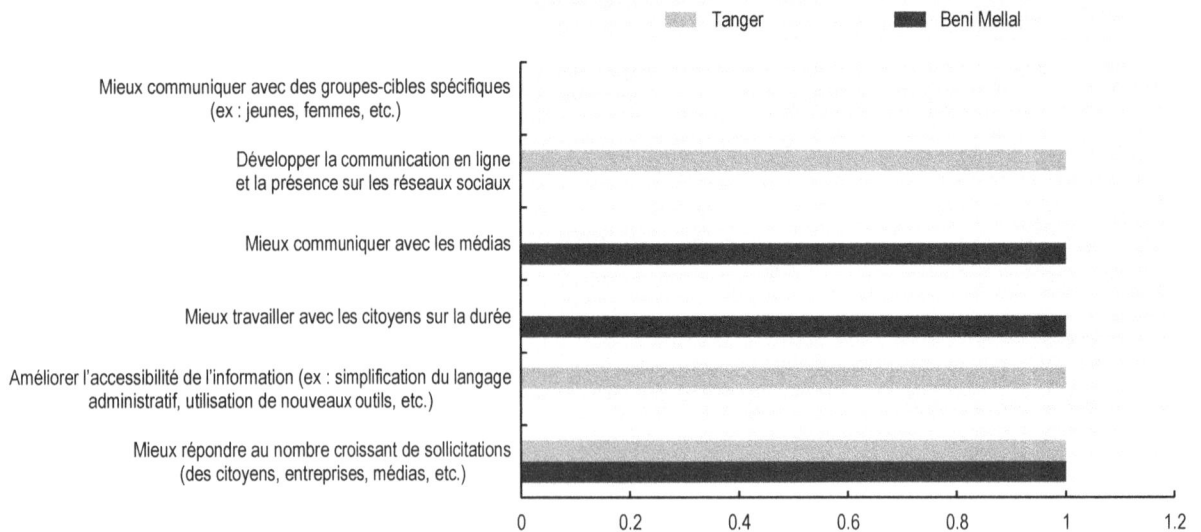

Source : OCDE (2020), « Le rôle de la communication publique au niveau régional pour un Gouvernement plus ouvert au Maroc », Questionnaire.

Adopter des procédures de définition des stratégies plus inclusives et ouvertes

L'élaboration d'une stratégie représente un important moment de dialogue entre les communicants, les services et les élus en premier lieu. La phase préparatoire permet de recenser les besoins et attentes de façon transversale, au sein de l'administration. Ce processus de planification est d'ailleurs une opportunité pour sensibiliser les différents acteurs aux enjeux de la communication locale et/ou de les convaincre de son importance.

En outre, ces procédures peuvent nécessiter de faire appel à un large éventail d'acteurs, au sein et en dehors de collectivités territoriales, dans une approche inclusive qui permettrait de recueillir les points de vues et priorités du plus grand nombre (OCDE, 2017[4]). Ceci garantit que la stratégie et/ou le plan reflètent les opportunités, défis et arbitrages sur la base de la cartographie des besoins et de l'analyse ainsi réalisée. Bien que les démarches ou documents développés à ce stade dans les deux régions y recourent peu celles-ci admettent mener des actions associant des parties prenantes à leurs activités.

En ce qui concerne le Conseil de Beni Mellal Khénifra, le schéma directeur a été élaboré par la collectivité territoriale, en impliquant les fonctions chargées de la communication. Un travail préparatoire à la stratégie du Conseil de Tanger-Tétouan-Al Hoceima a été réalisé par la Région, avec l'appui d'un partenaire de développement international. Considérant les échanges et les réponses au questionnaire de l'OCDE, dans les deux cas, leur définition ne semble pas encore avoir fait l'objet d'une participation d'autres parties prenantes (société civile, entreprises, consultants, chercheurs, citoyens, etc.). Compte tenu du fait que mieux travailler avec et répondre aux sollicitations et attentes des citoyens et des parties prenantes font partie des objectifs externes des deux régions (graphique 2.2), une démarche plus inclusive dès la formulation des objectifs et de la stratégie pourrait y contribuer.

Évaluer les stratégies et leur mise en œuvre

L'évaluation systématique, régulière et objective d'une stratégie (en cours ou achevé) est essentielle pour assurer une gouvernance effective et transparente de la communication publique (OCDE, 2017[3]). Évaluer consiste à déterminer la pertinence de réalisation des objectifs, ainsi que leur efficience, efficacité, impact et durabilité au regard des buts préalablement fixés. Cependant, les réponses au questionnaire de l'OCDE et échanges concluent qu'une évaluation de la mise en œuvre des documents d'orientation n'est pas encore opérée, mais que certaines actions (telles que les campagnes et la publication sur les réseaux sociaux), le sont au cas par cas. Dans les deux régions, quelques activités, notamment digitales, font l'objet d'un suivi basé sur le nombre de visites, de vues et de réactions aux publications sur le site internet et les réseaux sociaux de l'administration.

Cette section revient sur l'importance de deux aspects clés de l'évaluation pour assurer une gouvernance plus robuste et ouverte, tout en renforçant l'approche stratégique.

Définir les modes d'évaluation dès l'élaboration d'une stratégie

Développer l'évaluation et la mesure d'impact et les rendre, autant que possible, publiques et facilement disponibles à l'ensemble des citoyens constituent des moyens de contribuer à une gouvernance plus ouverte. Il s'agit d'une garantie essentielle de la redevabilité des institutions publiques (OCDE, 2017[3]).

Un processus d'évaluation doit être prévu dès la phase d'élaboration de la stratégie. Le prévoir à ce moment-là permet d'y inscrire ce qui sera mesuré, à quelle échéance (fin de validité de la stratégie, annuellement, à l'issue de certaines actions ou périodes, etc.) et via quel indicateur ou instrument. L'encadré 2.2 présente une initiative visant à mesurer tous les deux ans l'impact des actions de communication à l'échelon local en France.

À l'image des mesures en place en France et en Italie au niveau local (encadré 2.2), les deux régions marocaines sont également face au défi d'évaluer leurs campagnes ou publications, d'attribuer les moyens nécessaires en ce sens et d'intégrer des formations à l'intention des communicants afin d'ancrer une culture de l'évaluation.

Encadré 2.2. L'évaluation d'initiatives de communication locales en France et en Italie

En France, un baromètre local créé en 2009 permet de mesurer tous les deux ans l'impact des actions, l'évolution des attentes des citoyens ainsi que leur niveau de satisfaction. Dans son édition de 2018, 57 % des Français estiment par exemple que l'information locale leur permet de mieux utiliser les services publics. Cet outil permet non seulement de mieux comprendre les préférences, l'usage et la perception de la communication locale, mais peut aussi constituer un instrument pour sensibiliser certains élus aux enjeux de la communication ou justifier l'affectation d'enveloppes budgétaires à certaines activités.

L'exemple de la commune d'Ancône en Italie montre qu'il est important d'analyser quotidiennement les actions et leur impact auprès des citoyens. L'équipe de communication d'Ancône reporte en effet quotidiennement dans un tableau ad hoc les supports utilisés, les sujets abordés et les retours des utilisateurs. Ces données sont ensuite agrégées tous les mois et enrichissent les statistiques et les rapports mensuels sur le retour d'information des citoyens et les évaluations.

Source : Bernard Deljarrie, Les Français et la com locale en six points, CAP-COM, 3 Octobre 2019, http://www.cap-com.org/actualit%C3%A9s/les-francais-et-la-com-locale-en-six-points ; http://barometrecomlocale.fr/wp-content/uploads/2018/10/BarometreCommunicationLocale2018-180918-VDef.pdf ; Présentation de Marco Porcu, Responsable des médias numériques de la Ville d'Ancône, lors de l'atelier « Vers des Municipalités Ouvertes en Tunisie : La Communication Publique Locale et le Gouvernement Ouvert » le 23 Octobre 2019 à Sousse.

Entretenir une boucle de rétroaction entre définition et évaluation des stratégies

Au-delà de la logique de redevabilité et de transparence sous-tendant l'évaluation, elle est aussi un vecteur d'ancrage d'une approche stratégique de la communication, grâce à une « boucle de rétroaction » (feedback loop). L'évaluation fournit des données probantes sur la mise en œuvre des actions et nourrit l'élaboration ou la révision d'une stratégie. En d'autres termes, une fois l'évaluation produite, les résultats mettent en évidence ce qui a bien et moins bien fonctionné, ce qui peut être poursuivi ou amélioré et permettent d'affiner les objectifs et de diriger les ressources vers les fonctions et activités adéquates. En outre, rendre plus visible l'impact des actions menées aide en retour à argumenter en faveur d'une meilleure définition des ressources budgétaires et humaines nécessaires à leur poursuite ou amélioration, ou à la mise en œuvre de nouvelles activités pour mieux atteindre les objectifs fixés.

Les échanges avec les représentants des deux régions et les réponses au questionnaire pointent l'absence à ce jour de l'effet de ces boucles dans la définition des objectifs, des activités et des ressources allouées aux communicants. Pour le conseil de Beni Mellal Khénifra, les compétences de suivi et d'évaluation des impacts nécessiteraient notamment le recrutement d'une « personne qualifiée » sur la base « d'un cahier des charges clair ». Pour Tanger Tétouan Al Hoceima, ceci reste également conditionné à la prochaine constitution d'une unité chargée des activités de communication au sein de l'administration (cf. section suivante). L'encadré 2.3 présente l'expérience du Royaume-Uni, où l'évaluation des activités menées sert à affiner la stratégie adoptée et optimiser les actions menées.

Encadré 2.3. Utiliser les évaluations pour mettre à jour une stratégie de communication : L'exemple du Royaume Uni

En juin 2018, le Service de communication du Gouvernement du Royaume Uni a publié son « Cadre d'évaluation 2.0 », un document d'orientation à destination des communicants publics britanniques. Il leur fournit les outils, métriques et méthodes applicables pour mesurer le succès de leur action et évaluer leurs différentes activités, dans divers domaines (campagnes, recrutement, réputation, etc.). Les métriques sont divisées en quatre catégories :

- ressources (*inputs*)
- produits (*outputs*)
- effets expérimentés (*outtakes*)
- résultats (*outcomes*).

Ce cadre rappelle aux communicants que l'évaluation doit avoir lieu tout au long des activités et que les résultats sont particulièrement importants à utiliser pour informer l'évolution en temps réel de l'activité évaluée mais également pour optimiser la définition des futures actions menées.

Source : Government Communication Service (2018[5]), *Evaluation Framework 2.0*, https://3x7ip91ron4ju9ehf2unqrm1-wpengine.netdna-ssl.com/wp-content/uploads/2020/03/Evaluation-Framework-2.0.pdf.

Renforcer les structures et fonctions de communication publique

Les Conseils de région de Béni Mellal Khénifra et Tanger-Tétouan-Al Hoceima ont pris la mesure des responsabilités qui leur incombent et entamé un long chemin dans la transformation de leurs modes de fonctionnement pour les mettre en œuvre. Si des initiatives positives ont d'ores et déjà été mises en place, les constats précédents sur la nécessité de renforcer la stratégie et l'évaluation tiennent en grande partie à des structures, compétences et formations qui nécessitent d'être consolidées.

Les choix de positionnement des fonctions dans la structure des autorités publiques régionales témoignent d'une reconnaissance de l'importance de la communication pour leur action. Néanmoins, les deux collectivités demeurent confrontées au défi de pouvoir fournir des informations de manière réactive mais aussi proactive, aux journalistes et aux citoyens, et de renforcer le dialogue avec eux. Dans ce contexte, les deux Conseils sont appelés à renforcer les dispositifs et les compétences facilitant l'interaction avec diverses parties prenantes. L'analyse de sa place et de son rôle dans la structure organisationnelle est donc un facteur clé pour renforcer et clarifier la gouvernance de la communication publique, notamment selon les axes suivants :

- établir une entité et des fonctions spécifiques
- accroître la professionnalisation des communicants publics régionaux
- sensibiliser les élus aux enjeux de la communication publique
- entretenir les relations aux autres services, instances et collectivités.

Établir une entité et des fonctions spécifiques

S'il n'existe pas encore d'entité (unité, service, division ou direction) dédiée au sein des deux régions, les fonctions spécifiques sont placées dans des positions relativement centrales dans l'organigramme, avec un rattachement de trois agents au directeur général des services pour Béni Mellal Khénifra et d'un attaché de presse auprès du bureau de la présidence pour Tanger-Tétouan-Al Hoceima. Une récente modification de l'organigramme tangérois résultera prochainement dans le recrutement d'une unité spécifique. Ces démarches témoignent d'une conscience de la transversalité de la communication publique. L'existence d'une entité spécifique au sein de l'administration sera un atout pour améliorer la compréhension de son rôle institutionnel stratégique, ainsi que de son action dans la relation aux élus et aux autres collectivités d'une part, et aux citoyens et parties prenantes d'autre part. Par son identification, une telle entité contribuera à densifier les relations aux citoyens pour leur fournir de l'information de manière plus proactive et mieux recueillir leurs contributions.

L'existence de métiers spécifiques contribue par ailleurs à définir et simplifier les niveaux de décision et accroître l'efficacité des procédures de validation et d'application. Établir des fonctions propres et les articulations entre elles et avec leur hiérarchie de façon explicite contribue à clarifier les responsabilités de chacun. Outre les procédures existantes, une fois les communicants en place, les discussions lors de la mission de revue par les pairs pointent qu'expliciter les responsabilités de chacun et les rapports hiérarchiques en les encadrant notamment par des directives, lettres de mission ou chartes, peuvent permettre une approche plus efficace, avec par exemple une délégation de décision ou de signature aux responsables de la communication pour certaines actions quotidiennes, alors que les plus sensibles peuvent faire l'objet d'une validation par les plus hauts échelons administratifs et politiques du conseil.

Accroitre la professionnalisation des communicants publics régionaux

La professionnalisation des communicants publics est par ailleurs essentielle. Au sein des deux collectivités, malgré l'absence d'une entité distincte, des postes spécifiques existent, bien que tout l'éventail des métiers ne semble pas encore utilisé. Un nombre restreint de fonctionnaires ou agents contractuels sont employés à temps plein (trois personnes pour Beni Mellal Khénfira et une pour Tanger-Tétouan-Al Hoceima), mais les choix des fonctions mises en place sont distincts. Alors que la Région de Béni Mellal Khénifra a opté pour un(e) chargé(e) de communication, chef(fe) de projet communication numérique et photographe / vidéaste, Tanger-Tétouan-Al Hoceima a mis en place un(e) attaché(e) de presse auprès de la présidente en attendant la création de l'unité dédiée.

En termes de recrutements, pour la première, il ressort des réponses au questionnaire de l'OCDE et des échanges lors de la revue par les pairs que « recruter du personnel qualifié » est une priorité interne, tout comme mobiliser des profils plus techniques ou experts pourrait être priorisé pour « améliorer l'accessibilité de l'information (ex : simplification du langage administratif, utilisation de nouveaux outils, etc.) » dans la région de Tanger-Tétouan-Al Hoceima (graphique 2.2). Une récente analyse de cette collectivité territoriale a souligné qu'il y a une inadéquation entre compétences nécessaires et les rôles qui leur sont attribués ainsi qu'un besoin de renforcement des capacités en matière de design, de création de contenu et de rédaction (Tasharoc, 2020[6]).

Compte tenu des réponses sur les objectifs, il pourrait sembler opportun de développer les fonctions qui sont spécifiquement liés aux buts poursuivis pour assurer que les personnes en charge apportent les connaissances nécessaires à leur accomplissement. En outre, assurer le recensement et la valorisation des compétences des personnes occupant ces postes demeurera un facteur clé de succès. Un cadre de compétences et/ou un répertoire des métiers, comme celui proposé par la Centre National de la Fonction Publique Territoriale (CNFPT) en France (encadré 2.4) peuvent être utilisés pour soutenir les responsables dans la composition de leurs équipes.

Encadré 2.4. Les 8 métiers recensés dans le répertoire des métiers de la fonction publique territoriale en France

En France, le CNFPT a mis au point un répertoire des métiers de la fonction publique territoriale, en ligne. Ce répertoire permet aux administrations de mieux cibler leurs besoins et de mieux recruter en conséquence. 7 métiers de la communication y sont recensés :

- animateur ou animatrice des réseaux sociaux et des communautés numériques
- chargé(e) de communication
- chargé(e) de création graphique
- chargé(e) de projet communication numérique
- chargé(e) de publication
- directeur(trice) de la communication
- photographe / vidéaste.

Chaque métier fait l'objet d'une définition et d'une liste des activités. Une fiche détaillée permet d'approfondir les relations fonctionnelles, les activités et compétences techniques attendues ainsi que les activités et compétences techniques transversales s'il y a lieu. En outre, le CNFPT propose des formations régulières consacrées à ces métiers couvrant par exemple :

- les enjeux stratégiques de la communication publique territoriale
- le plan de communication : de l'élaboration à l'évaluation
- l'utilisation des réseaux sociaux et le développement de communautés numériques
- l'entretien journalistique ou média-training pour les directeurs généraux
- l'évaluation des actions de communication, etc.

Source : CNFPT (2020[7]), *Rechercher une formation*, https://www.cnfpt.fr/trouver-formation ; CNFPT (2019[8]), *Le répertoire des métiers*, https://www.cnfpt.fr/evoluer/lemploi-fpt/le-repertoire-des-metiers.

Le renforcement des compétences, point évoqué comme essentiel dans les échanges avec Beni Mellal Khénifra et Tanger Tétouan Al Hoceima, fait l'objet d'une attention selon l'enquête de l'OCDE : au sein des deux régions, les communicants ont accès à des formations. Certains thèmes abordés sont communs et quelques différences sont observées, propres aux profils en place (graphique 2.4).

Graphique 2.4. Thèmes principaux des formations offertes aux communicants publics

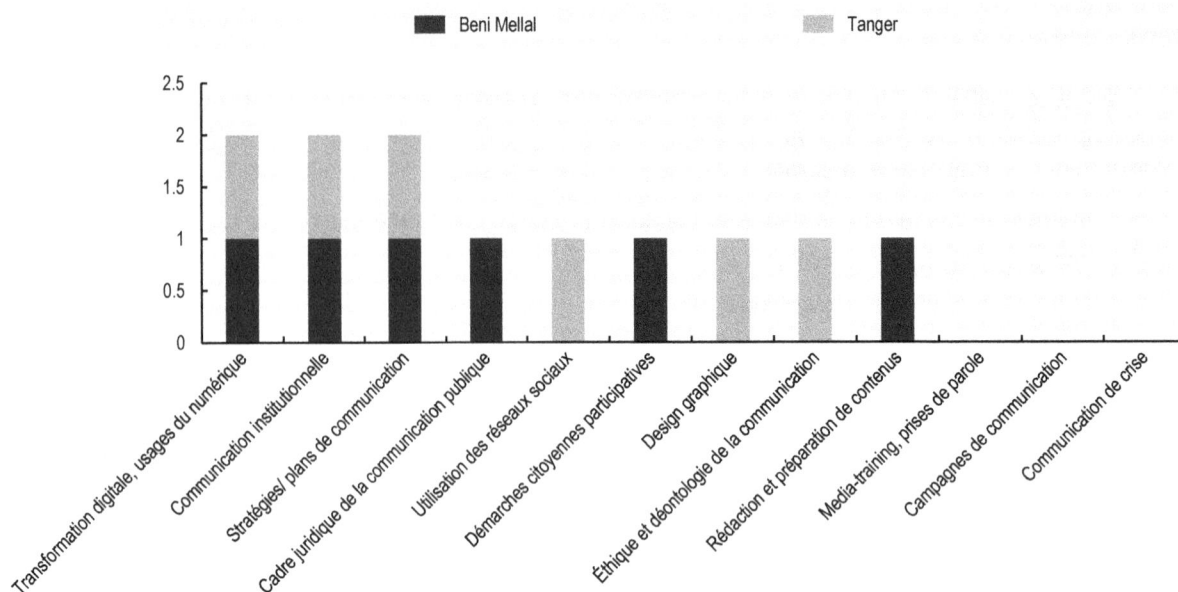

Source : OCDE (2020), « Le rôle de la communication publique au niveau régional pour un Gouvernement plus ouvert au Maroc », Questionnaire.

Cependant, des thèmes plus techniques comme la communication de crise, les campagnes ou le media-training ne sont pas sélectionnés au titre des principaux domaines de renforcement des capacités des communicants. Il est probable que de telles formations se développeront à mesure que les méthodes et procédures se complexifieront. Au sein de certains pays de l'OCDE, c'est le cas par exemple de programmes conçus pour les autorités locales, tels que ceux délivrés par le Bureau de la Collectivité des Communications au Canada (encadré 2.5), ou encore au Royaume Uni où le Service de communication du Gouvernement propose régulièrement des sessions en ligne dédiées à l'échelon local.

Encadré 2.5. Les modules développés par le Bureau de la Collectivité des Communications au Canada

Le Bureau de la Collectivité des Communications (BCC) au Canada soutient les professionnels du secteur dans le renforcement de leurs compétences et la mise en place de communautés de pratique. Le Bureau propose, entre autres services, des événements réguliers, actualités et informations relatives aux formations. Le BCC met en place des ateliers de renforcement des capacités pour les communicants publics, en présentiels ou via des cours en ligne (MOOCs). Souvent, ils reposent sur le partage de connaissances et d'enseignements tirés de la pratique d'un expert sur une nouvelle approche, un instrument ou un défi précis pour en assurer la dissémination à travers les échelons de gouvernement. En 2018, le BCC a notamment organisé une série d'ateliers mensuels sur des sujets comme :

- la communication auprès des Milléniaux
- la cartographie du parcours de communication
- le pouvoir du langage simple
- la rédaction de discours
- comment les communicants contribuent au succès en ligne
- planifier des événements inclusifs et accessibles
- chatbots – apprendre à connaitre cette solution intelligente.

Un événement phare qu'il organise chaque année, la Journée d'apprentissage, a rassemblé 700 communicants de tout le pays pour apprendre, partager et faciliter la mise en réseau.

Source : Gouvernement du Canada (2019[9]), *Communications Community Office: 2018-2019 Annual Report*, https://www.canada.ca/en/privy-council/services/communications-community-office/reports/annual-2018-2019-fiscal-year.html.

En outre, les communicants locaux peuvent également s'appuyer sur des guides, lignes directrices, manuels, et boites à outils mis à leur disposition par l'administration ou d'autres collectivités. Si ces instruments n'existent pas encore à l'échelon des deux régions, un Guide de la communication publique au Maroc a été élaboré et diffusé au niveau national en février 2021 et fera l'objet d'efforts d'adaptation à l'échelle locale (encadré 2.6).

Encadré 2.6. Le Guide de la Communication publique au Maroc

Dans le prolongement des recommandations du rapport « Voix citoyenne au Maroc », le Département de la Réforme de l'Administration avec l'OCDE et le réseau des communicants publics du Maroc ont élaboré un Guide de la communication publique au Maroc. Ce guide soutient les communicants publics dans leurs efforts et actions visant à :

- définir les frontières entre la communication politique et la communication publique
- tracer les contours des métiers et compétences des communicants publics
- sensibiliser et accompagner les acteurs gouvernementaux au rôle de la communication publique dans l'élaboration des politiques publiques
- améliorer la transparence des politiques publiques et promouvoir la participation citoyenne.

Il apporte des éclairages en matière d'approche stratégique, de planification, de choix de supports et d'outils de mesure. Il aborde également plus en détails divers champs d'activités en la matière (interne, médias, événementiel, digital, territorial et crise) et présente une Charte déontologique de la communication publique en France ou un cadre de communication de crise entre autres bonnes pratiques des pays de l'OCDE.

Source : Royaume du Maroc (2021[10]), *Guide de la Communication Publique*, https://www.mmsp.gov.ma/uploads/documents/GuideCommunicationPublique_09022021_Fr.pdf.

Enfin, l'échange d'expériences favorise également la valorisation et le renforcement des compétences. Il peut notamment prendre la forme d'un réseau de communicants publics locaux. Un tel réseau s'est constitué à l'échelle nationale en 2017 (voir Chapitre 1), et certains pays de l'OCDE, comme le Royaume Uni ou l'Australie, présentent des initiatives similaires à l'échelon local (encadré 2.7).

Encadré 2.7. Des réseaux de communicants locaux au Royaume Uni et en Australie

Au Royaume-Uni, le réseau communicants-parlementaires de l'Association des collectivités locales (Local Government Association's Communications and Parliamentary Network) a pour objet d'aider les responsables de la communication, de la stratégie et des politiques travaillant au sein des collectivités locales du Royaume-Uni dans leurs relations avec les parlementaires, l'administration centrale et les parties prenantes.

Les membres du réseau reçoivent des bulletins hebdomadaires sur l'actualité du réseau et un résumé de l'agenda politique des collectivités locales. Ils reçoivent également des invitations à des événements réguliers du réseau, des lettres d'information et des rapports, ainsi que des éclairages sur des questions débattues au parlement concernant les conseils locaux.

Le NSW Communications Network (réseau de communication de la région de la Nouvelle-Galles du Sud) est une liste de distribution email et un forum web conçus pour faciliter la collaboration et les relations entre communicants des conseils municipaux de la Nouvelle-Galles du Sud. À travers ce réseau, ils peuvent échanger entre eux stratégies, ressources et informations concernant la communication et les médias, et recevoir des conseils sur leurs activités.

Source : www.local.gov.uk/parliament/comms-hub-parliamentary-network ; www.lgnsw.org.au/files/imce-uploads/127/lgnsw-communications-network-instructions.pdf.

Sensibiliser les élus aux enjeux de la communication publique

Sensibiliser les élus revêt une importance particulière. D'une part, accroître leur connaissance des objectifs et outils à leur disposition les encourage à les utiliser efficacement et à contribuer aux activités connexes. D'autre part, attirer leur attention sur ces sujets favorise une meilleure distinction entre communication publique et politique.

Il ressort des échanges tant avec la société civile que les représentants des collectivités territoriales que les élus en sont généralement des « consommateurs », plutôt que des acteurs. Les interlocuteurs soulignent néanmoins quelques exceptions relevant du caractère ou de parcours personnels des élus créant une appétence ou connaissance de certains outils.

Toutefois, le risque demeure que la communication publique se dilue dans la communication politique, tant les frontières entre domaines public, politique et institutionnel sont poreuses (Mégard, 2017[11]). Les échanges lors de la revue par les pairs, tant avec la société civile qu'avec les représentants des conseils régionaux, ont d'ailleurs soulevé des difficultés à établir une telle distinction notamment par crainte de communiquer de façon inadéquate. Il demeure donc essentiel de sensibiliser tant les communicants que les élus sur ces sujets, via des formations mais aussi des outils tels que des chartes, lignes directrices ou des guides pratiques (cf. encadré 2.6).

Attribuer des ressources financières adéquates à la communication publique

À l'image de nombreux pays, les défis de la budgétisation des fonctions de communication et des contraintes financières se manifestent également dans les deux régions. Le budget n'est pas quantifiable pour Tanger Tétouan Al Hoceima et reste réduit pour Beni Mellal Khénifra (moins de 2 % selon les réponses fournies au questionnaire de l'OCDE). Toutefois, son augmentation depuis 2015 à Beni Mellal Khénifra et la disponibilité de ressources financières à Tanger Tétouan Al Hoceima confirment la tendance à la professionnalisation des métiers dans ce champ.

Il ressort des échanges que lorsque les moyens sont alloués, les communicants disposent le plus souvent d'un budget ponctuel par activité et dont les arbitrages sont faits selon les besoins au moment de la mise en œuvre.

Une planification budgétaire à plus long terme renforcerait l'approche stratégique et l'attribution explicite de moyens. Une dotation claire à la communication contribue à pérenniser son action et prioriser ses orientations. Faute d'attribution des sommes nécessaires, il sera difficile, voire impossible aux fonctions en place d'engager des dépenses. L'existence d'une unité ou direction propre peut d'ailleurs faciliter l'attribution du budget spécifiquement fléché vers cette entité, ce qui peut en retour contribuer à améliorer l'évaluation des activités et les futurs documents stratégiques. L'encadré 2.8 revient sur l'exemple de la Ville de Québec dont la planification budgétaire est transparente, structurée et détaillé.

Encadré 2.8. Un budget de la communication publique explicite : La Ville de Québec

Au Canada, les villes de Montréal et de Québec publient en ligne leur budget annuel de fonctionnement et d'investissement. Tout citoyen peut y accéder pour constater les revenus, l'affectation de ces sommes, et les dépenses pour une année. À titre d'exemple, le budget de fonctionnement et d'investissement de la Ville de Québec détaille clairement les effectifs et montants alloués pour l'année 2020 à sa direction de la communication. Sa dotation s'élevait pour 2020 à 7.4 millions USD. Le document explique certaines variations constatées dans les arbitrages budgétaires et le partage des compétences dans ce domaine, entre la Ville et l'Agglomération. L'écart constaté entre le budget de 2019 (7 ;6 millions USD) et celui de 2020 est notamment justifié dans le document par le « virage numérique entraînant une réduction des publicités imprimées ».

Source : Ville de Québec (2019[12]), *Budget 2020*, https://www.ville.quebec.qc.ca/apropos/profil-financier/docs/budget2020-fonctionnement-investissement-vq.pdf.

Des formations ou guides sur l'utilisation optimale des ressources régionales permettraient par ailleurs d'élargir les possibilités. De plus, des partenariats publics-privés peuvent être envisagés pour contribuer au financement et à la mise en œuvre collaborative de certaines actions, à l'image des collaborations des autorités finlandaises et italiennes avec les réseaux sociaux Facebook et Instagram et leurs influenceurs (encadré 2.9).

Encadré 2.9. Des collaborations public-privé pour mieux communiquer auprès de publics ciblés face à la crise COVID-19 en Finlande et en Italie

En 2020, dans le cadre de sa réponse à la COVID-19, la Finlande a investi l'importance de la différenciation des communications à des audiences distinctes. Pour partager les mesures relatives à la pandémie, le gouvernement s'est allié à des influenceurs et des blogueurs pour que des messages spécifiques atteignent davantage les jeunes par exemple.

De même en Italie, un partenariat avec Facebook, Instagram et leurs influenceurs a été mis en place pour contribuer à la diffusion et à la remontée d'information dans le cadre de la campagne #Restezchezvous. L'objectif était également d'atteindre une plus large audience que lors des campagnes gouvernementales classiques et construire un sentiment d'appartenance à la communauté. Un script a été rédigé et approuvé par l'ensemble des partenaires institutionnels impliqués puis proposé à plusieurs influenceurs. Plus de 45 influenceurs ont répondu, enregistré des messages qui ont été validés par les autorités puis diffusés sur Facebook et/ou Instagram. Ces interventions ont été développées dans le cadre d'un accord global entre le centre du gouvernement italien et Facebook/Instagram et pour toutes les initiatives de ce type liées à la crise COVID-19.

Source : données issues des réponses des centres de gouvernement finlandais et italien à l'enquête « Comprendre la communication publique », OCDE, 2020.

Il est important de rappeler que certaines solutions techniques peuvent faire l'objet de moindres investissements (par exemple, usage des réseaux sociaux ou de l'espace public, outils de veille, co-usage de ressources avec d'autres collectivités ou partenaires). La création d'un réseau de correspondants auprès des fonctions de communication internes à l'administration (encadré 2.10) en est un exemple. D'autres passent nécessairement par des investissements plus ambitieux (création de plateformes ou portails électroniques, outils de veille plus complexes, usage d'algorithmes, etc.). C'est le cas de projets comme le développement du Fil Gouv', la plateforme française interministérielle de stockage et de partage de vidéos.

Encadré 2.10. Innover pour la communication à moindre coût : L'exemple d'un réseau interne de correspondants à Liffré (France)

Afin d'assurer la transversalité de la communication au sein des collectivités de Liffré et Liffré-Cormier, en France, des référents communication volontaires sont désignés dans les différents services des collectivités. Ces agents constituent un réseau interne :

- d'interlocuteurs privilégiés
- de remontée d'informations auprès du service pour l'élaboration des publications et autres activités
- de contributeurs sur certains enjeux de politiques publiques sectorielles, y compris sur les outils numériques pour les domaines qui relèvent des compétences des services respectifs (petite enfance, éducation, etc.).

Cette mesure à coût zéro, basée sur le volontariat, promeut une meilleure circulation de l'information, un partage continu, une meilleure connaissance du rôle et des activités de chacun et un sentiment accru d'appartenance à l'administration. En outre, il permet l'acquisition de nouvelles compétences, les référents bénéficiant de formations en interne notamment pour pouvoir devenir rédacteurs et contributeurs sur le site internet ou les réseaux sociaux.

Source : Adaptés d'éléments présentés par Mme Sarrazin-Borde lors de la mission de revue par les pairs, 9 novembre 2020.

Recommandations

Afin d'instaurer une culture et des pratiques plus stratégiques ainsi qu'un fonctionnement plus pérenne et professionnel de la communication publique pour qu'elle puisse pleinement contribuer à une gouvernance plus ouverte, les deux régions du Maroc peuvent considérer les éléments suivants :

- **Développer et renforcer des documents stratégiques** propres à la communication et explicitant ses objectifs, messages, canaux, médias, moyens et échéances.
  - Ces grands enjeux et objectifs sont ensuite **à décliner en orientations plus spécifiques, par exemple dans un plan** les opérationnalisant, le tout en cohérence avec les attributions des conseils et en synergies avec les orientations fournies au niveau national.
  - Ces documents définiraient des activités et une budgétisation de leurs coûts, tout en clarifiant les résultats et impacts attendus et des indicateurs et outils de mesure à appliquer pour en suivre et évaluer la mise en œuvre à l'aune des objectifs établis par les stratégies.
- **Ancrer une approche plus collaborative et inclusive de la définition comme de la mise en œuvre, du suivi et de l'évaluation des stratégies**. Tout en assurant un plus large recueil des positions et points de vues qui favorisera l'adoption de solutions optimales, les Conseils de région saisiront également l'opportunité de consultations des citoyens et autres parties prenantes pour rappeler le contexte et les compétences dans lesquels elles s'inscrivent. Lors de consultations écrites, les documents et autres publications peuvent rappeler les attributions, actions et engagements de la collectivité. Lors de concertations en présentiel, un facilitateur ou représentant régional peut les évoquer oralement. Ceci permet non seulement de co-construire la stratégie mais aussi de contribuer aux efforts de dissémination et de pédagogie des conseils sur leurs rôle et attributions, l'objectif de leur communication et son apport à la transparence et la redevabilité de leurs décisions et actions.
- **Établir une entité responsable des activités de communication et/ou de leur coordination**. Une unité, dont les membres sont en cours de recrutement, a été ajoutée à l'organigramme de Tanger Tétouan Al Hoceima et trois fonctions rattachées au directeur général des services sont en place à Béni Mellal Khénifra. Structurée au sein d'une unité, un service, une division ou direction, la communication publique acquiert une existence formelle dans l'organigramme, affichant son caractère stratégique non seulement en interne mais aussi pour les publics externes. **Ceci permet d'attribuer plus formellement les responsabilités, missions et un budget** à son fonctionnement et ses agents, assurant la pérennisation et planification des actions.
- **Recenser et valoriser les compétences des communicants publics pour s'assurer qu'elles répondent aux besoins des collectivités**. Les gouvernements locaux pourraient ainsi poursuivre la mise en œuvre des actions prévues ou à prévoir en matière de développement des capacités, comme dans le cadre du schéma directeur de formation continue de Tanger-Tétouan-Al Hoceima, tout en tenant compte des approches alternatives (cours en ligne ouverts à tous, boites à outils, formation interactives en petits groupes) pour développer les compétences. Ces dernières pourraient notamment être axées sur les relations presse et médias numériques, ou la création de contenus, l'animation et la gestion de réseaux sociaux, etc. S'appuyer sur un catalogue ou un répertoire des métiers contribuera à mieux cerner les besoins et les recrutements et aidera à proposer aux différents métiers des formations qui leur correspondent, tout au long de leur carrière au sein de l'administration.
- En s'inspirant du *Guide de la communication publique du Maroc*, **élaborer un « manuel du communicant » et/ou des guides pratiques** afin de soutenir les agents au niveau local dans leurs missions. Des efforts d'adaptation concrète du guide national pour les collectivités

territoriales sont actuellement en cours pour soutenir les conseils régionaux dans l'opérationnalisation des principes et activités qu'il contient à leur échelle.

- **Assurer l'octroi de ressources budgétaires nécessaires et explicitement fléchées vers la communication**. Pour ce faire, les services pourront s'appuyer sur **l'ancrage d'une évaluation régulière et les données probantes en résultant quant à l'impact des activités menées**. Celles-ci seront de nature à guider les arbitrages sur les actions qui sont à poursuivre, approfondir, modifier ou remplacer et les attributions à y affecter en conséquence. Sans moyens financiers dédiés et priorisés par la voie de la négociation du budget des régions, les communicants publics manqueront d'un levier essentiel et des moyens adéquats pour engager des dépenses et mener efficacement leurs missions. L'octroi d'un budget adéquat est un prérequis indispensable pour atteindre les objectifs spécifiques, tout en adaptant et en pérennisant les actions à plus long terme.

- **Créer des partenariats avec le secteur privé, la société civile et les universités** à différents stades du développement, de la mise en œuvre et de l'évaluation des stratégies et activités de communication. Ces partenariats permettent en outre de remédier en partie au manque de ressources des collectivités publiques, tout en offrant de nouvelles opportunités et de nouveaux canaux d'échanges entre l'administration et les citoyens.

- **Renforcer un réseau de communicants régionaux et/ou locaux** afin de favoriser le partage de bonnes pratiques et les échanges entre ce réseau et celui établi au niveau national. Des réunions régulières, autour d'une thématique ou d'une actualité, pourraient rassembler les différentes parties prenantes. Les différentes ressources et bonnes pratiques recensées par les acteurs pourraient être enregistrées sur un espace en ligne sécurisé qui serait accessible par les membres.

Références

CNFPT (2020), *Rechercher une formation*, https://www.cnfpt.fr/trouver-formation (consulté le 14 décembre 2020). [7]

CNFPT (2019), *Le répertoire des métiers*, https://www.cnfpt.fr/evoluer/lemploi-fpt/le-repertoire-des-metiers (consulté le 16 décembre 2020). [8]

Gouvernement du Canada (2019), *Communications Community Office: 2018-2019 Annual Report*, https://www.canada.ca/en/privy-council/services/communications-community-office/reports/annual-2018-2019-fiscal-year.html (consulté le 16 décembre 2020). [9]

Government Communication Service (2018), *Evaluation Framework 2.0*, https://3x7ip91ron4ju9ehf2unqrm1-wpengine.netdna-ssl.com/wp-content/uploads/2020/03/Evaluation-Framework-2.0.pdf (consulté le 18 août 2020). [5]

Mégard, D. (2017), *La communication publique et territoriale*, DUNOD, https://www.dunod.com/entreprise-economie/communication-publique-et-territoriale-0 (consulté le 23 juillet 2020). [11]

OCDE (2020), *La modernisation de l'administration locale dans la région de Tanger-Tétouan-Al Hoceima*, OCDE, Paris, http://www.oecd.org/mena/governance/modernisation-administration-locale-dans-la-region-de-tanger-tetouan-al-hoceima.pdf (consulté le 16 décembre 2020). [2]

OCDE (2017), *Gouvernement ouvert : Contexte mondial et perspectives*, Éditions OCDE, Paris, https://dx.doi.org/10.1787/9789264280984-fr. [3]

OCDE (2017), *Recommandation du Conseil sur le Gouvernement Ouvert*, OCDE, Paris, https://legalinstruments.oecd.org/fr/instruments/OECD-LEGAL-0438 (consulté le 27 novembre 2020). [4]

Royaume du Maroc (2021), *Guide de la Communication Publique*, https://www.mmsp.gov.ma/uploads/documents/GuideCommunicationPublique_09022021_Fr.pdf (consulté le 19 février 2021). [10]

Royaume du Maroc (2011), *Constitution*, https://web.archive.org/web/20131102041635/http:/www.sgg.gov.ma/BO/bulletin/FR/2011/BO_5964-Bis_Fr.pdf (consulté le 22 juillet 2020). [1]

Tasharoc (2020), *Strategic Communications Assessment - Tanger, Tétouan and Al Hoceima Regional Council*. [6]

Ville de Québec (2019), *Budget 2020*, https://www.ville.quebec.qc.ca/apropos/profil-financier/docs/budget2020-fonctionnement-investissement-vq.pdf (consulté le 19 août 2020). [12]

3 Communication publique numérique dans les régions de Béni Mellal-Khénifra et Tanger-Tétouan-Al Hoceima, Maroc

Ce chapitre présente les mesures mises en place par les régions de Béni Mellal-Khénifra et de Tanger-Tétouan-Al Hoceima en matière de communication numérique. Il offre un aperçu de la présence et des objectifs des conseils des deux régions en la matière. S'appuyant sur le cadre de l'OCDE dans ce domaine, le chapitre esquisse les mesures et outils à consolider ou déployer dans le cadre de la transformation digitale pour renforcer l'application des principes du gouvernement ouvert.

L'administration marocaine a opéré des efforts conséquents pour digitaliser son fonctionnement au cours des dernières années (OCDE, 2018[1]). Cette transformation vise à faciliter l'accès de tous aux services et informations publics et à rapprocher l'administration des citoyens pour renforcer leur engagement.

Une communication numérique utilisée de façon stratégique contribue à tisser ou à renforcer un lien privilégié entre ces citoyens et les organisations publiques. Les outils digitaux permettent une rapidité voire instantanéité de diffusion, d'interaction et d'échange, à double sens et au plus proche des attentes des citoyens et de la réalité des territoires. Dans le pays, 25 millions de marocains, soit plus de la moitié de la population, sont connectés à internet (Agence Nationale de Réglementation des Télécommunications, 2019[2]). Parmi eux, 18 millions déclarent utiliser les réseaux sociaux, ce qui représente un large vivier pour exploiter le potentiel de ce type d'actions (DataReportal, 2020[3]). Les technologies de l'information et de la communication impactent progressivement et substantiellement les usages marocains avec un taux de pénétration d'Internet de 69 % et une augmentation notable de 13 % en 2019. 95 % des connexions se font via un téléphone ou smartphone, pour un taux de pénétration des réseaux sociaux de 49 %. WhatsApp (65 %) et Facebook (53 %) sont les réseaux sociaux les plus utilisés au Maroc. Ils sont suivis d'Instagram (26 %) et Snapchat (14 %) alors que Twitter et LinkedIn ne rassemblent que 5 % et 2 % des usages respectivement (DataReportal, 2020[3]).

En outre, les instruments digitaux offrent une vaste panoplie de canaux, élargissant son champ à des cibles plus diversifiées en termes de démographie, y compris chez les plus jeunes qui constituent une part importante de la population des deux régions pilotes (voir Chapitre 1). Une même information peut être déclinée sur différents supports, et ainsi atteindre différentes audiences, y compris éloignées des institutions (comme par exemple des populations à moitié rurale pour Beni Mellal Khénifra (voir Chapitre).

Les réponses aux questionnaires de l'OCDE concernant les cinq principaux objectifs assignés aux fonctions de communication soulignent une volonté de développer la présence du Conseil de Région sur internet et les réseaux sociaux afin d'améliorer leur portée et la mobilisation des citoyens. Les taux de pénétration d'Internet et des réseaux sociaux au Maroc y sont favorable (DataReportal, 2020[3]). Depuis leur création, les deux conseils régionaux structurent leur action en ce sens : un schéma directeur de transformation digitale intégrant le volet communication a été élaboré à Béni Mellal Khénifra et les jalons d'une stratégie dédiée pour la Région de Tanger Tétouan Al Hoceima ont été posés en partenariat avec une organisation de la société civile (voir Chapitre 2). Elles augmentent progressivement leur présence et visibilité en ligne via des sites internet ainsi que des pages et comptes officiels sur les réseaux sociaux.

Au-delà du partage d'actualités, ces mécanismes sont à même de créer de nouvelles formes d'interactions pour renforcer la confiance et développer des politiques et services publics qui répondent mieux aux attentes des citoyens (OCDE, 2018[1]). Ces instruments renforcent aussi les relations avec la société civile, les élus, entre services administratifs ou avec d'autres collectivités territoriales.

Cependant, si les administrations déclarent que les outils digitaux ont permis une communication de meilleure qualité avec les instances régionales, la formalisation de lignes directrices encadrant leur usage n'a pas encore été opérée. Par ailleurs, une approche stratégique est essentielle pour consolider une communication numérique accessible et engageante. L'identification de grands principes d'intervention par les conseils régionaux permettra de préciser les modalités de fonctionnement, de diffusion et d'interaction avec les citoyens via les nouvelles technologies. Néanmoins, les réponses au questionnaire, confirmées par les échanges lors de la mission de revue par les pairs, pointent le nécessaire renforcement des structures, ressources humaines et nouvelles compétences pour développer une communication digitale plus poussée. Pour soutenir les efforts menés, les analyses qui suivent reviennent sur :

- La mise en place d'outils de communication numérique dans les deux régions pilotes, leur apport au droit d'accès à l'information et à l'accroissement de la présence en ligne des administrations.
- Le développement d'un usage stratégique des réseaux sociaux, s'appuyant sur l'analyse des publics, le renforcement des capacités et l'usage éthique et encadré de la communication digitale.

La mise en place d'outils de communication numérique

Le processus de régionalisation avancée confère de nouvelles responsabilités et prérogatives aux Conseils régionaux qui ont su saisir l'importance d'une présence en ligne pour assurer la proximité aux citoyens et engager une communication à double sens. Les réponses au questionnaire des deux conseils régionaux montrent qu'après la mise en ligne de sites internet et la création de comptes sociaux dédiés, les administrations ont engagé de nouveaux projets. Beni Mellal Khénifra envisage une plateforme dédiée à l'ensemble des communications internes et externes pour se conformer aux attentes de la loi d'accès l'information. La région de Tanger-Tétouan-Al Hoceima a bénéficié quant à elle du soutien du programme Tasharoc (DAI, 2017[4])pour élaborer une stratégie incluant la gestion de sa présence en ligne notamment.

De ce fait, les moyens développés ou en cours d'élaboration participent à l'effort pédagogique de ces administrations quant à leurs compétences propres, transférées et partagées (Chapitre 1), mais aussi à la rénovation du lien entre les territoires et les citoyens notamment en termes d'accès à l'information, de mobilisation et de participation des citoyens à la décision publique. Les analyses qui suivent visent à approfondir la compréhension de la communication numérique pour identifier des leviers permettant aux conseils régionaux d'informer et mobiliser les citoyens, notamment dans la mise en œuvre effective du droit d'accès à l'information et de la présence des régions en ligne.

Aperçu de la présence numérique de la région

La notion de « présence » est entendue comme l'appropriation progressive des plateformes électroniques par les gouvernements et les instances publiques (Mickoleit, 2014[5]). Il n'existe pas d'approche universelle pour ce faire, et les stratégies gouvernementales ou régionales doivent tenir compte des facteurs de contexte et de demande citoyennes dans leur champ de compétences pour être efficaces (Mickoleit, 2014[5]). Afin qu'ils contribuent pleinement à soutenir la communication publique et son apport aux décisions publiques, à leur redevabilité et à la participation citoyenne, une meilleure compréhension des impacts que les administrations peuvent obtenir à travers une présence sur les réseaux sociaux est aujourd'hui essentielle.

Les deux conseils régionaux ont engagé cette transition et disposent d'un site internet, mis à jour régulièrement à travers la publication d'actualités. Pour la Région de Beni Mellal Khénifra, des articles relatifs aux travaux des commissions du Conseil sont également diffusés, ainsi que son agenda, des offres d'emploi et une revue de presse détaillée. La Région de Tanger-Tétouan-Al Hoceima étoffe sa communication par des vidéos et des fichiers audio pour promouvoir son activité.

Selon les réponses au questionnaire, les deux collectivités territoriales déclarent que les réseaux sociaux et les outils numériques ont contribué à améliorer la communication régionale. Leur usage vise prioritairement à diffuser des actualités, à l'image de celles disponibles sur les sites internet et mener des consultations publiques dans les deux régions (graphique 3.1). Ces atouts et objectifs communs peuvent constituer les fondations de leur utilisation plus ciblée et adaptée aux audiences spécifiques des différents canaux.

Graphique 3.1. L'utilisation des réseaux sociaux par les conseils régionaux de Béni Mellal-Khénifra et Tanger-Tétouan-Al Hoceima

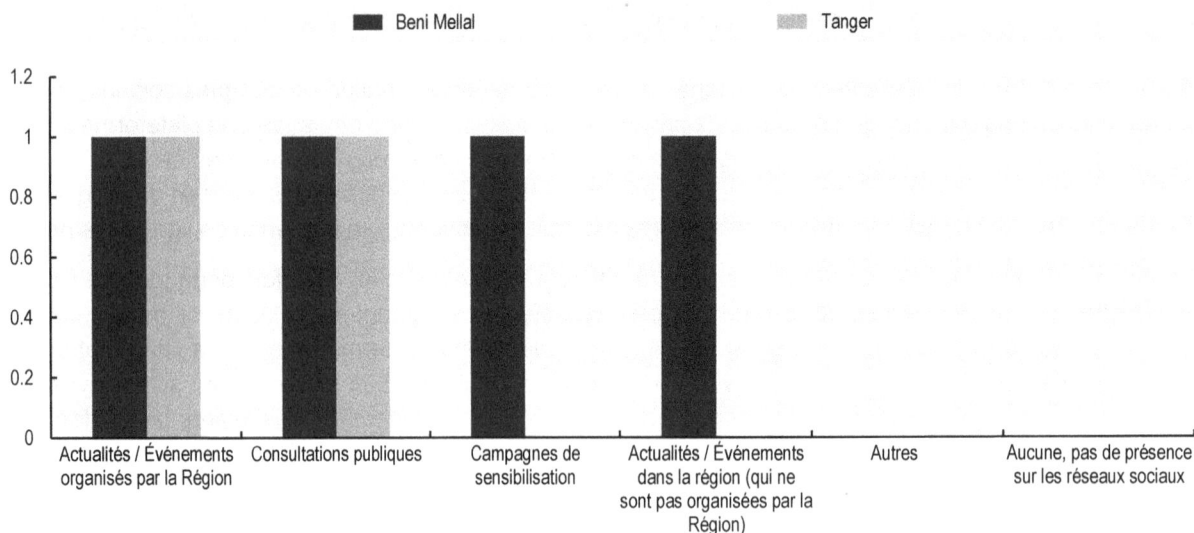

Source : OCDE (2020), « Le rôle de la communication publique au niveau régional pour un Gouvernement plus ouvert au Maroc », Questionnaire.

Cependant, leurs sites internet comportent occasionnellement des pages vides. Elles peuvent induire le sentiment d'une réduction du champ d'informations disponibles tout en engendrant une forme d'attente à leur sujet par l'existence même de ces pages. Une plus grande appropriation des sites et réseaux sociaux se renforcera à mesure que les moyens et compétences des régions en la matière se densifieront. Pour les dynamiser et les rendre plus interactifs, elles peuvent s'appuyer sur la publication régulière d'infographies ou de séquences vidéos (encadré 3.1). Ces éléments visuels permettent de toucher des publics préférant ce type de support ou ne pouvant accéder aux contenus écrits. Elles peuvent également se fonder sur des activités mobilisant l'opinion citoyenne par des consultations, sondages et autres mécanismes participatifs (encadré 3.1).

Encadré 3.1. Plateforme de consultation citoyenne de la Ville de Nivelles (Belgique)

La plateforme fédérale belge de consultation citoyenne, MonOpinion, permet d'organiser des processus participatifs, tels que des appels à idées, des budgets participatifs ou des enquêtes. Son objectif est d'engager davantage les citoyens à travers des processus inclusifs par le biais de cette plateforme. Elle permet de lancer une discussion avec la population et de stimuler les débats. Pour participer activement à un débat, le citoyen peut formuler des propositions, réagir, voter pour, suivre ou commenter les propositions existantes et en recommander aux autres utilisateurs. Une fois la consultation clôturée, une présentation des résultats est mise en ligne.

La plateforme a été utilisée en 2018 par la commune de Nivelles pendant un mois, pour nourrir la réflexion des autorités communales sur la gestion de la ville, avec un bilan de 130 participants, 25 propositions générées et 253 votes. Les résultats de la consultation ont été présentés à l'Hôtel de Ville, affirmant la validation des 25 propositions et leur intégration dans un plan d'actions pluriannuel.

Source : Ville de Nivelle (2018[6]), *Un meilleur accueil dans les services communaux ?*, https://nivelles.monopinion.belgium.be/processes/acceuil-hotel-de-ville.

Les réponses au questionnaire et échanges lors de la mission de revue par les pairs ont souligné les défis des échanges à double sens entre autorités régionales marocaines et citoyens, société civile et médias (voir chapitres précédents). Renforcer le potentiel participatif des instruments numériques permet d'accroitre la collecte d'avis divers ainsi que des remontées des usagers pour l'élaboration, le perfectionnement, la mise en œuvre, la réforme et l'évaluation des politiques publiques et pour redynamiser la démocratie locale (OCDE, 2018[1]).

L'analyse des publications a montré une activité régulière sur Facebook. En pratique, les conseils de région de Béni Mellal Khénifra et Tanger Tétouan Al Hoceima y recensait, au 20 septembre 2020, respectivement 18 000 et 33 000 abonnés qui se voient ainsi informés de leurs actualités. Cependant, si les pages sont alimentées régulièrement, l'interaction pourrait être renforcée et les réponses aux questions posées par les internautes plus systématique. Effectivement, la quantité de messages diffusés ne détermine pas l'impact ou la popularité d'un compte sur les réseaux sociaux (Mickoleit, 2014[5]), et l'étude des données empiriques sur l'usage des réseaux sociaux a souligné que les institutions qui y recherchent activement l'interaction atteignent de plus hauts taux d'abonnements (Mickoleit, 2014[5]).

Au sein des deux conseils régionaux, au-delà de Facebook, l'activité demeure plus faible sur les autres interfaces, avec moins d'abonnés, peu d'interactions comme sur Twitter, ou des commentaires désactivés, comme sur YouTube. Or, l'absence de réponse et d'interaction peut contribuer à une perception d'évitement ou d'absence de dialogue par les citoyens, et faire naitre un doute ou un sentiment d'opacité quant aux informations, leur intégrité et leur caractère transparent et participatif.

En outre, la nature et tonalité des messages diffusés sur les réseaux est centrale pour accroitre leur usage stratégique et leur efficacité. Des publications plus différenciées en fonction des cibles (par exemple spécifiquement formulées à destination des jeunes, de la population rurale, etc.) et d'une analyse des audiences et des usages des comptes des conseils de région pourront soutenir la visibilité et l'engagement accru sur ces canaux, à mesure de l'accroissement des moyens et compétences des fonctions spécialisées.

De plus, l'investissement national et international apparait comme un axe de développement privilégié pour les deux régions, bénéficiant toute deux d'investissements directs étrangers (Centre Régional d'Investissement - Béni Mellal Khénifra, 2018[7] ; Challenge.ma, 2019[8]). En ce sens, la disponibilité de sites internet traduits dans plusieurs langues ou de publications ciblées pour ces acteurs dans leurs idiomes contribuent à accroitre leur attractivité au sein des frontières comme à l'échelle internationale. Cependant, certaines pages qui peuvent intéresser la diaspora ou les investisseurs pourraient nécessiter une mise à jour ou une traduction.

Enfin, et malgré une présence en ligne qui s'intensifie progressivement, il ressort des échanges lors de la mission de revue par les pairs que les actions mises en avant sont souvent liées à l'actualité des élus régionaux. Afin de soutenir leur contribution à l'usage de ces instruments de l'administration, le renforcement des compétences des élus comme des services en assurera progressivement un emploi plus diversifié, cohérent et serein (voir Chapitre 2).

Usage de la communication numérique pour soutenir les efforts en matière d'accès à l'information

Beaucoup de citoyens et médias au Maroc s'appuient sur les réseaux sociaux et les plateformes électroniques pour entrer en contact avec les administrations, notamment en lien avec la forte augmentation des services digitalisés depuis 2008 et plus d'une centaine de procédures administratives désormais simplifiées (Royaume du Maroc, 2020[9]). Dans leurs réponses au questionnaire, les représentants des Conseils des régions de Beni-Mellal-Khenifra et Tanger-Tétouan-Al Hoceima déclarent que les supports dématérialisés sont parmi les plus utilisés par les citoyens/usagers et les médias pour adresser des demandes d'accès à l'information à la région (tableau 3.1) et qu'ils opèrent un suivi des demandes des citoyens, des médias de la société civile en comptabilisant les requêtes reçues et les délais de réponse de l'administration.

Tableau 3.1. Les moyens utilisés par les médias et les citoyens pour demander accès à des informations dans les régions de Béni Mellal Khénifra et Tanger-Tétouan-Al Hoceima

	Beni Mellal Khénifra		Tanger Tétouan Al Hoceima	
	Médias	Citoyens / usagers	Médias	Citoyens / usagers
Réseaux sociaux	✓	✓	✓	✓
Plateformes numériques	✓	✓	✓	✓
Présentiel	✓	✓	✓	✓
Téléphone	✓	✓		✓
Courrier	✓	✓		✓
Réunions	✓	✓		✓
Emails	✓	✓		
Autres (contact direct)	✓	✓		
Livre de réclamations		✓		
Boite à suggestions				

Source : OCDE (2020), « Le rôle de la communication publique au niveau régional pour un Gouvernement plus ouvert au Maroc », Questionnaire.

La disponibilité des données ouvertes et leur publication en ligne reste un axe à approfondir. La région de Beni Mellal-Khénifra déclare publier des documents aux formats PDF ou Word, par exemple. Néanmoins, les deux régions ne contribuent pas encore à la base de données ouvertes de l'administration marocaine, qui fait, elle aussi, l'objet de développements et de réformes. À ce titre, les conseils régionaux ont un rôle à jouer pour faciliter la publication de données en format ouvert et librement utilisable, et informer et engager les citoyens quant aux potentialités de leur contenu et de leur réutilisation. À l'image des activités menées en Catalogne en ce sens par exemple (encadré 3.2), ces initiatives sont de nature à contribuer à la redevabilité des institutions et responsables publics et à la participation citoyenne dans les décisions et la vie publiques des régions (OCDE, 2017[10] ; Royaume du Maroc, 2020[11]).

Une étape sur cette voie peut résider dans le recueil des attentes que peuvent avoir les citoyens ou les organisations de la société civile en termes de participation. Ils peuvent être consultés pour partager leurs souhaits ou avis dans la définition :

- des jeux de données qui pourraient ou non être publiés par les administrations
- de l'échéance de ces publications ou de la prochaine mise à jour, compte tenu de projets respectifs ou encore de moments clés de la vie publique et civile nationale ou régionale
- des modalités d'accès et de réutilisation des données publiées
- de la façon dont certaines données sont calculées, filtrées ou triées, si elles impliquent une formule, un algorithme, une sélection ou un échantillonnage, etc.

Encadré 3.2. La transparence de l'information pour un gouvernement ouvert en Catalogne

Dans son plan de gouvernement ouvert 2019-2020, le Gouvernement régional de la Catalogne (*Generalitat de Catalunya*) s'est notamment donné pour objectifs la mise en œuvre des actions de communication et de sensibilisation des citoyens au gouvernement ouvert mais également sur la participation citoyenne. La transparence de l'information est faite par trois biais principaux :

- **Publicité active**, ce qui porte sur le partage proactif d'information sur l'organisation institutionnelle et la structure administrative, comptabilité et gestion budgétaire, décisions légales, etc.

- **Droit d'accès à l'information,** qui établit que les citoyens peuvent demander et obtenir de l'information publique. Les refus de transmission de l'information portent sur des cas très spécifiques tels la sécurité publique, les droits de mineurs ou le secret professionnel. Les citoyens peuvent faire appel des décisions de refus auprès du Comité de Garantie d'Accès à l'Information Publique (*Comissió de Garantia del Dret d'Accés a la Informació Pública*), une institution indépendante.

- **Portail de données ouvertes,** qui fournit aux citoyens et aux entreprises l'accès à des données publiques de façon à ce qu'ils puissent être réutilisés.

Source : Generalitat de Catalunya (2020[12]), *Transparència. Govern obert*, http://governobert.gencat.cat/ca/transparencia/.

Par ailleurs, des actions ont été déployées par le Ministère de l'Intérieur pour accélérer la mise en œuvre de la loi d'accès à l'information. À titre d'exemple, les informations présentées par le Ministère lors de la mission de revue par les pairs de la région de Beni-Mellal-Khénifra soulignent que ce territoire dispose d'un réseau récemment constitué de 161 points focaux chargés de répondre aux sollicitations citoyennes. 16 formateurs locaux ont été formés pour faciliter l'appropriation de ces prérogatives par les points focaux et leur mise en œuvre. À ces actions, s'ajoutent du renforcement des capacités et l'élaboration de supports, notamment un guide sur le droit d'accès à l'information et une valise de formations. Les initiatives des conseils régionaux peuvent y contribuer également par leurs efforts de sensibilisation des citoyens pour encourager l'usage du droit d'accès à l'information et l'expression.

Enfin, le déploiement de ce droit et de la portée de la communication numérique peut également être renforcé par le rapprochement avec des acteurs de la société civile. À titre d'exemple, l'organisation TAFRA accompagne des collectivités territoriales dans l'application de la loi d'accès à l'information, l'ouverture de l'administration et une communication publique plus participative (TAFRA, 2020[13]). Son générateur de sites internet tient compte des obligations légales qui incombent aux collectivités dans la mise en œuvre du droit d'accès à l'information et en termes de transparence et de responsabilité de l'action publique, pour lever le voile sur la gestion des finances publiques notamment. En pratique, les communes d'Outat El Haj et Ighezrane ont ainsi bénéficié d'une formation sur la publication proactive sur les sites web communaux par exemple (TAFRA, 2020[13]).

Le développement d'un usage stratégique des réseaux sociaux

43 % de la population marocaine a aujourd'hui moins de 25 ans, et assure une présence forte sur les réseaux sociaux. Près de 23 % des internautes masculins et 17 % des internautes féminines ont moins de 24 ans (DataReportal, 2020[3]). Aussi, les attentes des jeunes sont formulées sur des plateformes telles que Facebook, YouTube ou, dans une moindre mesure, Twitter. Chaque réseau social propose des expériences d'utilisation spécifiques, qui appellent les organisations à adapter les canaux et messages.

Bien que les deux régions déclarent que l'utilisation des réseaux sociaux a eu un impact positif sur la communication, leur potentiel d'usage stratégique peut être davantage investi en approfondissant la connaissance des utilisateurs de chaque outil ou canal et en adoptant une approche ciblée, par réseau social.

Analyse du public cible et de son comportement

Les réponses au questionnaire de l'OCDE montrent que certains groupes cibles sont associés aux travaux de la région à travers plusieurs mécanismes (tableau 3.2). Cependant, les deux régions ne collectent pas encore de données visant à mieux comprendre les audiences sur leurs canaux numériques. Ce travail d'analyse permettrait d'opérer une lecture plus fine des publics qui visitent et cherchent à interagir sur ces pages et comptes, d'évaluer la nature des sollicitations et des commentaires et d'ajuster le contenu, le ton et la forme en conséquent.

Tableau 3.2. L'association des groupes cibles dans les régions de Béni Mellal-Khénifra et Tanger-Tétouan-Al Hoceima

	Domaines prioritaires	Groupes-cibles	Mécanismes d'association des groupes-cibles
BENI MELLAL KHENIFRA	• Développement économique • Développement rural • Santé • Tourisme • Gouvernement ouvert	• Femmes • Hommes • Jeunes (15 à 29) • Personnes vivant en milieu rural • Touristes / migrants / étrangers • Entrepreneurs / investisseurs	• Invitation à participer à des réunions de travail avec la Région • Appel à projets • Groupes de travail thématiques • Autre : Instances consultatives
TANGER-TÉTOUAN-AL HOCEIMA	• Développement économique • Développement rural • Santé • Développement social • Environnement, eau, énergie	• Femmes • Hommes • Jeunes (15 à 29) • Personnes vivant en milieu rural • Personnes âgées • Personnes handicapées	• Invitation à participer à des réunions de travail avec la Région • Appel à projets • Groupes de travail thématiques • Consultations thématiques • Sessions d'information au public

Source : OCDE (2020), « Le rôle de la communication publique au niveau régional pour un Gouvernement plus ouvert au Maroc », Questionnaire.

Une meilleure appréhension des audiences peut apporter aux communicants des enseignements permettant d'engager des actions plus adaptées aux publics à qui elles s'adressent, contribuant à maximiser leurs impacts. En fonction d'une compréhension affinée des comportements et perceptions des citoyens en ligne, la communication numérique des régions peut mieux réaliser son potentiel de réponse à leurs attentes. L'OCDE a développé un guide pour promouvoir des formes d'engagements plus spécifiques aux jeunes publics (encadré 3.3). Des lignes directrices peuvent être éditées pour d'autres audiences prioritaires en fonction des domaines d'intervention des conseils de région ou marginalisées, pour lesquelles des moyens et messages spécifiques sont à déployer.

Encadré 3.3. Un rapport sur l'autonomisation des jeunes et un guide de communication à l'intention des institutions pour mieux les engager

La Recommandation de l'OCDE pour un gouvernement ouvert appelle ses membres à développer des initiatives « en vue d'atteindre les groupes les plus concernés, vulnérables, sous-représentés, ou marginalisés de la société » mais aussi à « communiquer de manière active (…) afin de s'assurer qu'ils sont bien connus au sein du gouvernement et au-delà, pour favoriser leur appropriation et stimuler l'adhésion des acteurs sociaux ».

Dans son sillage, le rapport « Impliquer et autonomiser les jeunes dans les pays de l'OCDE » (OCDE, 2020[14]) souligne que communication et transparence sont deux axes essentiels à la participation des jeunes. Le guide de l'OCDE « Faire participer les jeunes au gouvernement ouvert » (OCDE, 2019[15]) reconnaissent qu'il est opportun d'adapter les efforts institutionnels en vue de mieux informer et échanger avec les jeunes. De telles actions sont de nature à promouvoir une culture plus ouverte et à faire des jeunes des acteurs des stratégies et initiatives d'une administration ouverte.

Au-delà du dialogue avec les conseils de jeunes et de la mise en place de projets délibératifs ou collaboratifs, ce guide présente les défis et opportunités de l'implication des jeunes par les autorités publiques au travers de leurs réseaux sociaux et d'autres plateformes en ligne. Il met l'accent sur ces outils numériques qui constituent aujourd'hui des moyens efficaces d'atteindre un grand nombre de jeunes, de recueillir leur avis sur des questions qui les touchent et d'accroître leur implication et leur participation dans l'espace public. En engageant ou en s'engageant aux côtés des collectifs et associations de la jeunesse, les institutions publiques sont encourager à (OCDE, 2019[15]):

- s'adapter à ces modes de communication, en dépit des contraintes qui pèsent sur les moyens
- (re-)formuler des messages spécifiques, notamment pour soutenir ou s'associer à des causes parfois défendues via des propos ou des actions plus vindicatifs et moins consensuels que ne le seraient ceux admis par la communication des institutions
- utiliser, gérer et modérer ces canaux, notamment dans la perspective d'accroitre la participation.

Source : OCDE (2020[14]), *Governance for Youth, Trust and Intergenerational Justice: Fit for All Generations?*, OECD Public Governance Reviews, Éditions OCDE, Paris, https://dx.doi.org/10.1787/c3e5cb8a-en; OCDE (2019[15]), *Faire participer les jeunes au Gouvernement Ouvert : Guide de communication*, OCDE, Paris, https://www.oecd.org/fr/sites/mena/gouvernance/Young-people-in-OG-FR.pdf.

En outre, et comme mentionné lors de la mission de revue par les pairs, une plus grande maitrise des indicateurs de mesure des audiences contribuera à orienter les actions et engager différentes cibles par des messages adaptés. À ce titre, un premier niveau d'action réside dans le fait que les réseaux sociaux proposent des rapports d'analyses lesquels permettent d'évaluer la portée des différentes publications et d'évaluer les outils et messages qui ont le plus d'impact et qui génèrent le plus d'interactions. Les divers instruments de mesure existants pourront être utilisés plus régulièrement en ce sens par des fonctions de communication renforcées, comme ils ont été employés en Grèce pour mesurer l'impact de l'engagement des jeunes via une campagne en ligne (encadré 3.4).

Encadré 3.4. Engager les jeunes dans la lutte contre la corruption en Grèce

Dans le cadre du projet Grèce-OCDE qui vise à accroître l'intégrité et à réduire la corruption en Grèce, l'un des objectifs en matière de communication était de sensibiliser les jeunes à ces enjeux, de susciter leur responsabilisation et d'encourager les actions visant à prévenir les atteintes à l'intégrité.

Plutôt que de mettre l'accent sur l'ampleur et la portée de la corruption, l'objectif était d'engager une conversation avec les jeunes et de souligner qu'ils ont le pouvoir et la responsabilité de changer la culture pour le mieux en Grèce.

Dans ce cadre, le gouvernement a mis en place en 2018 la campagne « *Be the change you want to see* » sur YouTube. Pour cela, il a fait appel à des YouTubeurs, qui sont parmi les personnalités les plus influentes chez les jeunes, et qui partagent leur expérience personnelle en matière de corruption. Le but était de créer des contenus créatifs et authentiques auxquels ils peuvent facilement s'identifier et qui leur permettent de s'engager avec les créateurs de contenu, vus comme des gens ordinaires qui ont des préoccupations et des intérêts communs.

La réaction aux vlogs[1] a été positive. La campagne a suscité un intérêt pour la corruption et l'intégrité publique et touché 78 % des 13-34 ans. Les vidéos ont compté 888 240 visites et plus de 62 000 réactions. Celle du YouTubeur Konilo était numéro 1 sur YouTube en Grèce lors de sa publication.

Source : OCDE (2018[16]), *Engaging Youth in the Fight against Corruption*, OCDE, Paris, https://www.oecd.org/corruption/ethics/youth-anti-corruption-campaign.htm

---

Renforcement des capacités des fonctions en charge des réseaux sociaux

Dans les pays de l'OCDE, la présence numérique des institutions publiques nécessite le recrutement d'équipes dédiées pouvant engager une réflexion stratégique afin d'informer, mobiliser et engager toutes les catégories de la population (OCDE, 2017[10] ; Mickoleit, 2014[5]). Les échanges lors de la mission de revue par les pairs ont souligné que les deux conseils ne disposent pas encore des ressources contribuant pleinement à la mise en œuvre de leurs ambitions. En effet, chacun dispose d'un agent en charge de fonctions de communication, qui, de concert avec le directeur général des services (voire avec la Présidence), élabore les publications et réponses aux éventuelles questions ou commentaires en ligne.

Au sein des deux régions, les réponses au questionnaire font état de formations relatives à la transformation digitale pour les fonctions spécialisées ou l'ensemble des agents. En outre, la personne occupant la fonction d'attaché de presse auprès de la Présidence à Tanger en a bénéficié sur l'utilisation des réseaux sociaux. Si des attentes en termes de compétences digitales sont intégrées dans les fiches de poste lors des recrutements, elles pourraient apparaitre explicitement dans les plans de formation des conseils régionaux, au moment de leur formalisation pour Tanger-Tétouan-Al Hoceima ou de leur mise à jour pour Beni Mellal Khénifra. Des modules peuvent être proposés afin de constituer, consolider ou parfaire les compétences des communicants au sein de régions, à l'image de ce qui se fait en France ou au Canada (encadré 3.5). Une boite à outils digitale à leur intention pourrait aussi être mise en place à titre d'exemple.

Encadré 3.5. Des formations spécifiques pour un usage stratégique des réseaux sociaux en France et au Canada

France

Le Centre National de la Fonction Publique Territoriale (CNFTP) est notamment mandaté pour la formation des agents publics territoriaux. Il dispose d'un catalogue à cette fin qui comprend notamment des modules dédiés aux communications digitales, et par exemple à :

- La définition d'une stratégie sur les réseaux sociaux, pour les chargés de communication, rédacteurs web, animateurs de communauté en ligne ou toute personne chargée des contenus digitaux pour sa collectivité. Elle a pour but de former à l'intégration d'une stratégie réseaux sociaux à la stratégie globale de la communication externe, l'enrichissement des pratiques en la matière, l'ajustement des messages, et la mesure des performances de ces publications.
- L'utilisation des réseaux sociaux et le développement de communautés numériques, pour les chefs de projet communication numérique et multimédia, pour une plus fine utilisation de l'interactivité des outils web (augmentation de l'audience, mutualisation des connaissances et intelligence collective, utilisation des campagnes virales, etc.).
- L'usage de Facebook pour optimiser sa communication, pour les responsables de communication et de projets digitaux, afin de mieux maitriser les enjeux liés aux usages de Facebook, créer et animer une page ainsi que définir sa stratégie et sa ligne éditoriale.

Canada

L'École de la fonction publique du Canada (EFPC) dispense plusieurs formations de ce type pour que les agents publics puissent servir les Canadiens en respectant des critères d'excellence. Elles incluent :

- « Découvrez le numérique », quant à l'impact des méthodologies émergentes, avec un accent sur les normes et leur pertinence pour la fonction publique. Les fonctionnaires explorent de nouvelles approches pour constituer une boite à outils dédiée dans un contexte gouvernemental.
- « Le numérique en pratique », fournissant une vue d'ensemble des normes émergentes du gouvernement du Canada et les répercussions sur les normes de travail des agents publics, en abordant les compétences requises pour s'adapter à ces nouvelles réalités.
- Exploration de la visualisation des données, visant à former sur ces techniques permettant de présenter des messages clairs et précis.

Source : CNFPT (2020[17]), *Rechercher une formation*, https://www.cnfpt.fr/trouver-formation ; EFPC (2020[18]), *Catalogue d'apprentissage*, https://www.csps-efpc.gc.ca/Catalogue/index-fra.aspx.

Usage éthique de la communication numérique

Lors de la mission de revue par les pairs, les représentants des deux administrations régionales ont souligné l'absence actuelle de lignes directrices pour leur communication en ligne. Si la publication sur les réseaux sociaux suit une procédure classique de validation par la hiérarchie voire par la présidence du conseil régional, les modalités de réponse ou de dialogue avec les internautes ou encore la nature des messages à accepter ou refuser ne s'inscrivent pas dans un cadre formalisé et partagé par toutes les parties concernées. L'élaboration d'une stratégie digitale dédiée, de directives ou l'incorporation d'un volet digital à la stratégie de communication permettrait de développer une vision partagée par l'ensemble des parties prenantes internes au conseil régional. À l'image de ce qui se fait dans certains pays membres et partenaires de l'OCDE (voir encadré 3.6), les directives pourraient notamment aborder :

- le cadre légal et réglementaire affectant l'usage des outils numériques (accès à l'information, données privées, propriété intellectuelle, droits d'usage des visuels, liberté d'expression, etc.)
- les risques et défis à leur utilisation ainsi que les bénéfices d'un usage stratégique des réseaux sociaux
- les modalités de la présence en ligne
- les objectifs poursuivis et les techniques à employer pour les atteindre, notamment pour accroître la transparence, l'intégrité, la redevabilité et la participation
- les choix des différents réseaux sociaux et supports en fonction des objectifs et cibles
- le rythme ou l'échéance des publications
- les registres, niveaux et délais de réponse aux sollicitations
- les procédures de mise en œuvre, de validation et de modération des messages et réponses aux commentaires/interactions des internautes
- les mécanismes d'évaluation et de mesure d'impact.

Encadré 3.6. Des lignes directrices en France, au Royaume Uni et au Chili pour mieux communiquer et engager les citoyens sur les réseaux sociaux

France

Un ensemble de directives pratiques, opérationnelles et obligatoires a été élaboré par le Service d'Information du Gouvernement (SIG) pour structurer et renforcer les réseaux sociaux et médias de l'État. Ce guide s'adresse aux responsables de la communication des administrations, aux chargés des réseaux sociaux et à toute personne impliquée dans la gestion d'un compte social gouvernemental ou public. Ces comptes doivent respecter des règles graphiques qui visent à unifier l'identité visuelle sur toutes les plateformes afin que les citoyens puissent facilement les identifier. Ce guide indique également comment s'adresser aux citoyens pour favoriser l'engagement, avec trois grands principes rédactionnels :

- **Clarté**, soulignant l'importance de tenir compte de la pluralité des destinataires, de faciliter la compréhension immédiate et d'incarner le propos pour le rendre réel et concret.
- **Simplicité**, à travers de courtes phrases, des formulations simples et l'utilisation de la forme active.
- **Inclusion**, visant à personnaliser, inclure et penser à tous et à toutes, et opter pour la neutralité à travers les sources et le vocabulaire choisis.

Royaume-Uni

Le service numérique gouvernemental (GDS) du Royaume-Uni a développé une charte pour les réseaux sociaux qui inclut notamment des lignes directrices sur :

- **La responsabilité**, soulignant l'importance de s'engager avec les citoyens sur les réseaux sociaux. Le guide indique qu'une fois sur les réseaux sociaux, il est impératif d'interagir avec les utilisateurs et de répondre à leurs questions.
- **La gestion au jour le jour**, par le biais d'un ensemble de règles ainsi qu'un document de réponses standard répertoriant les requêtes et réponses fréquentes, assurant une cohérence au niveau des messages et du ton employé.

- **Le service à la clientèle**, visant à fournir un service rapide et efficace afin de répondre à toutes les demandes des citoyens dans un délai de 4 heures ouvrables par le biais d'outils et services précis (Sprout Social, Conversocial, Hootsuite), en soulignant que ceci est un facteur de renforcement de l'engagement et de la confiance au sein de la communauté.

Chili

Le kit digital du gouvernement du Chili revient sur la manière d'utiliser les médias sociaux, de produire des contenus efficaces et d'adapter les styles d'engagement en fonction des utilisateurs. L'établissement de lignes directrices pour l'utilisation des médias sociaux contribue à l'harmonisation de la communication au sein de l'administration, à doter les ministères des instruments et principes appropriés pour utiliser ces plateformes et à résoudre les problèmes courants rencontrés par les différentes équipes. Ce kit définit également le rôle de l'animateur de communauté en ligne, pour créer, gérer et engager la communauté en ligne à travers des stratégies précises.

Source : (Gouvernement français, 2020[19] ; Gouvernement britannique, 2018[20] ; Gouvernement du Chili, s.d.[21]).

Ces principes d'action pourraient réunir les règles de contribution, de rédaction, de modération, les valeurs et principes éthiques applicables à l'ensemble des acteurs publics ou privés qui interagissent sur les canaux numériques. Un tel document peut en outre aider les communicants à anticiper les situations de propos erroné, faux, violent ou haineux, outrepassant la demande d'informations ou de participation au débat public. De telles directives peuvent par ailleurs aider à lutter contre le phénomène de désinformation, à l'image de l'infodémie relative à la COVID-19. À l'image de récents démentis de la Primature du Maroc dans le cadre de la crise sanitaire pour faire face à la diffusion de fausses informations en ligne (MAP, 2020[22] ; MAP, 2020[23]), la réflexion stratégique des régions pourrait être complétée par la mise en place d'approches pour réagir à la désinformation en ligne. En effet, la communication publique peut contribuer à la lutte contre la désinformation à travers quatre moyens (graphique 3.2) : les stratégies et mécanismes de coordination en la matière, le repérage de la désinformation, les mesures résultant de la régulation de ce champ et des initiatives associant les parties prenantes, dans une approche collective et holistique du phénomène (OCDE, 2020[24] ; Matasick, Alfonsi et Bellantoni, 2020[25]), à l'image de la campagne menée au Royaume Uni (encadré 3.7).

Graphique 3.2. Mesures de gouvernance publique pour répondre à la mésinformation

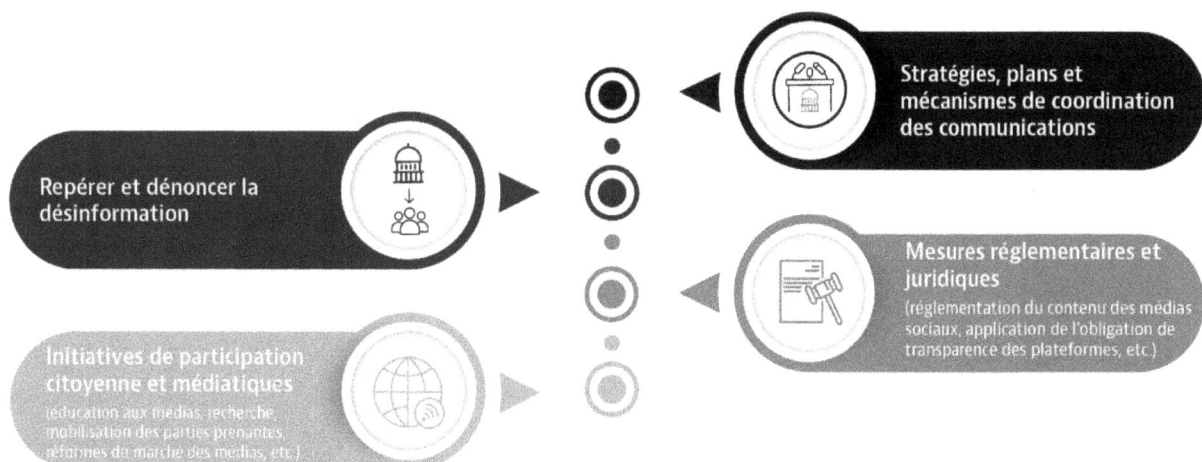

Source : OCDE (2020[24]), « Transparence, communication et confiance : Le rôle de la communication publique pour combattre la vague de désinformation concernant le nouveau coronavirus », *Les réponses de l'OCDE face au coronavirus (COVID-19)*, Éditions OCDE, Paris, https://doi.org/10.1787/1d566531-fr.

Encadré 3.7. La campagne britannique de lutte contre la désinformation

La désinformation a récemment été reconnue au Royaume-Uni comme un problème qui constitue une menace potentielle pour la sécurité nationale, avec la croissance d'acteurs cherchant à influencer les citoyens britanniques. À cet effet, le gouvernement a lancé la campagne « Don't Feed the Beast » pour sensibiliser et éduquer les citoyens à la lecture et à la diffusion d'informations en ligne. L'objectif est de mettre en évidence les différents moyens par lesquels le public peut détecter la désinformation avant qu'elle ne se propage.

Pour ce faire, le gouvernement a fourni aux citoyens la liste de contrôle S.H.A.R.E., pour s'assurer de ne pas contribuer à la diffusion de contenu préjudiciable en 5 étapes. Ces étapes incluent de vérifier :

- les sources
- le titre du contenu en question
- les faits
- si les images ont été retouchées
- si l'URL et le contenu contiennent des erreurs.

Entre autres, le gouvernement a aussi collaboré avec plusieurs entreprises de médias sociaux pour toucher tous les types d'audience, et pour sensibiliser de manière agréable, à travers des publicités et vidéos amusantes. L'unité travaille également avec des spécialistes de la désinformation de la société civile et du monde universitaire, pour établir une image complète de l'étendue et de l'impact de la désinformation.

Source : www.loc.gov/law/help/social-media-disinformation/uk.php#_ftn90 ; www.computerweekly.com/news/252480802/Coronavirus-Dont-fall-for-fake-cures-warns-UK-government.

Recommandations

Afin d'instaurer un usage plus stratégique et efficace de leur communication numérique, ainsi qu'un fonctionnement plus pérenne et professionnel des ressources qui favoriseront sa mise en œuvre, et pour qu'elle puisse pleinement contribuer à une gouvernance plus ouverte, les deux régions du Maroc peuvent considérer les éléments suivants :

- **Renforcer les efforts en matière de publication réactive et proactive des informations et données publiques**. Ceci inclut d'une part la promotion de la mise en œuvre du droit d'accès à l'information auprès du public comme au sein des administrations, grâce aux site internet, plateformes, portails nationaux ou locaux ou réseaux sociaux. Cela recoupe d'autre part les enjeux de diversification des données collectées et publiées par les administrations et comment elles en assurent une mise à jour régulière, pour informer les citoyens des décisions, avis et activités du conseil régional et de ses commissions et instances, y compris au sujet des budgets et financements ou politiques publiques sectorielles. Pour assurer une valeur ajoutée à la publication proactive de données, en faciliter la réutilisation digitale libre de données grâce à des formats ouverts et accessibles peut passer par la plateforme nationale unique.

- **Faciliter l'accès, la disponibilité et l'ouverture des informations et données publiques régionales et permettre leur réutilisation facile et libre**. Un travail d'analyse en amont pourrait permettre de mieux comprendre les attentes des citoyens et organisations de la société civile en terme d'intérêt, d'utilisation et d'exploitation des données. Opérer une consultation digitale (ou en personne) pour comprendre les attentes des individus et parties prenantes permettrait d'identifier les thématiques ou jeux de données prioritaires et d'accroitre le soutien, l'adhésion et l'acceptabilités des politiques régionales menées en ce sens.

- **Promouvoir et encourager l'engagement citoyen à travers** l'interaction en ligne. Cela passe tout d'abord par la dynamisation des sites officiels et réseaux sociaux des régions, notamment par leur mise à jour régulière, l'utilisation des infographies, photographies, séquences vidéos mais aussi par l'intégration de liens vers d'autres ressources ou mécanismes participatifs. Sur les sites institutionnels, à mesure que les moyens se renforceront, les administrations régionales pourraient encourager la mise en place d'espaces contributifs où les citoyens peuvent commenter, faire leurs retours, donner un avis et poser des questions.

- **Développer des approches partenariales** avec des acteurs de la société civile, des médias, du secteur privé et du développement international pour faciliter le diagnostic, la conception et le déploiement de stratégies et/ou de plans dédiés aux instruments numériques.

- **Développer les analyses d'audience et une compréhension des usages, comportements et perception des citoyens en ligne et sur les réseaux sociaux**. Ceci s'appuie sur des indicateurs ou outils analytiques, parfois existants et fournis par les sites et réseaux sociaux, et sur les données démographiques, usuelles et culturelles des territoires et de leurs publics, afin que la communication en ligne des régions réponde aux attentes des différentes catégories.

- **Renforcer les capacités digitales et les moyens de leur mise en œuvre, mais également de leur suivi**. De telles capacités pourront s'inscrire dans les descriptions de postes et les plans de formation des administrations. Ces derniers peuvent se focaliser sur des techniques précises (telles que le *web-design*, la sécurité des données, la modération des forums et l'interaction en ligne etc.). Enfin, encourager l'échange de bonnes pratiques avec d'autres communicants publics s'avère essentiel (voir Chapitre 2).

- **Définir des guides et/ou lignes directrices** qui établissent le cadre, les modalités de présence en ligne, les procédures et assure l'adaptation des messages aux pratiques numériques. Ceci peut prendre la forme d'un guide ou de directives pour l'usage des sites et réseaux sociaux, notamment pour soutenir leur cohérence et efficacité au regard des objectifs fixés, avec les techniques, le langage et le ton adéquats, dans le respect du contexte et du cadre légal et réglementaire en place. Ces lignes directrices peuvent inclure des éléments couvrant l'éthique, précisant les modalités et principes d'interaction avec les usagers et de conduite des communicants publics et des parties prenantes. Elles peuvent également couvrir les réponses à la désinformation, à la propagation des rumeurs ou de contenus violents ou haineux.

Références

Agence Nationale de Réglementation des Télécommunications (2019), *Le Memo: Analyse de l'évolution du secteur des télécommunications au Maroc*, https://www.anrt.ma/sites/default/files/publications/2019_t4_tb_analyse-fr.pdf (consulté le 27 novembre 2020). [2]

Centre Régional d'Investissement - Béni Mellal Khénifra (2018), *Investissements dans la Région Béni Mellal-Khénifra : Réalisations et Opportunités*, http://coeurdumaroc.ma/cri/public/documents/xbilan.pdf (consulté le 14 décembre 2020). [7]

Challenge.ma (2019), « Tanger-Tétouan-Al Hoceima : un bon cru des IDE », *Challenge.ma*, https://www.challenge.ma/tanger-tetouan-al-hoceima-un-bon-cru-des-ide-126755/ (consulté le 14 décembre 2020). [8]

CNFPT (2020), *Rechercher une formation*, https://www.cnfpt.fr/trouver-formation (consulté le 14 décembre 2020). [17]

DAI (2017), *Morocco : TASHAROC*, https://www.dai.com/our-work/projects/morocco-tasharoc (consulté le 14 décembre 2020). [4]

DataReportal (2020), *Digital 2020: Morocco*, https://datareportal.com/reports/digital-2020-morocco?rq=morocco (consulté le 27 novembre 2020). [3]

EFPC (2020), *Catalogue d'apprentissage*, https://www.csps-efpc.gc.ca/Catalogue/index-fra.aspx (consulté le 14 décembre 2020). [18]

Generalitat de Catalunya (2020), *Transparència. Govern obert*, http://governobert.gencat.cat/ca/transparencia/ (consulté le 14 décembre 2020). [12]

Gouvernement britannique (2018), *We've updated our Social Media Playbook - Government Digital Service*, https://gds.blog.gov.uk/2018/08/17/weve-updated-our-social-media-playbook/ (consulté le 14 décembre 2020). [20]

Gouvernement du Chili (s.d.), *Kit Digital*, https://kitdigital.gob.cl/ (consulté le 14 décembre 2020). [21]

Gouvernement français (2020), *Charte des grands principes rédactionnels : s'adresser aux citoyens*, https://www.gouvernement.fr/charte/charte-des-grands-principes-redactionnels/comment-s-adresser-aux-citoyens (consulté le 14 décembre 2020). [19]

MAP (2020), *Le chef du gouvernement dément catégoriquement les informations prétendant la tenue d'un Conseil de gouvernement pour l'adoption d'un reconfinement au niveau national*, https://www.mapnews.ma/fr/actualites/politique/le-chef-du-gouvernement-d%C3%A9ment-cat%C3%A9goriquement-les-informations-pr%C3%A9tendant-la (consulté le 14 décembre 2020). [23]

MAP (2020), *Le ministère de la Santé dément l'authenticité d'un document sur la stratégie de vaccination contre Covid-19*, https://www.mapnews.ma/fr/actualites/social/le-minist%C3%A8re-de-la-sant%C3%A9-d%C3%A9ment-lauthenticit%C3%A9-dun-document-sur-la-strat%C3%A9gie-de (consulté le 14 décembre 2020). [22]

Matasick, C., C. Alfonsi et A. Bellantoni (2020), « Les mesures de gouvernance publique face à la désinformation: Comment les principes de gouvernement ouvert peuvent éclairer les choix stratégiques », n° 39, Éditions OCDE, Paris, https://dx.doi.org/10.1787/a4000a8c-fr. [25]

Mickoleit, A. (2014), « Social Media Use by Governments: A Policy Primer to Discuss Trends, Identify Policy Opportunities and Guide Decision Makers », *OECD Working Papers on Public Governance*, n° 26, OECD Publishing, Paris, https://dx.doi.org/10.1787/5jxrcmghmk0s-en. [5]

OCDE (2020), *Governance for Youth, Trust and Intergenerational Justice: Fit for All Generations?*, OECD Public Governance Reviews, OECD Publishing, Paris, https://dx.doi.org/10.1787/c3e5cb8a-en. [14]

OCDE (2020), « Transparence, communication et confiance : Le rôle de la communication publique pour combattre la vague de désinformation concernant le nouveau coronavirus », *Les réponses de l'OCDE face au coronavirus (COVID-19)*, Éditions OCDE, Paris, pp. 1-14, https://doi.org/10.1787/1d566531-fr. [24]

OCDE (2019), *Faire participer les jeunes au Gouvernement Ouvert : Guide de communication*, OCDE, Paris, https://www.oecd.org/fr/sites/mena/gouvernance/Young-people-in-OG-FR.pdf. [15]

OCDE (2018), *Engaging Youth in the Fight against Corruption*, OCDE, Paris, https://www.oecd.org/corruption/ethics/youth-anti-corruption-campaign.htm (consulté le 14 décembre 2020). [16]

OCDE (2018), *Revue du gouvernement numérique du Maroc: Jeter les bases de la transformation numérique du secteur public au Maroc*, Éditions OCDE, Paris, https://dx.doi.org/10.1787/9789264299917-fr. [1]

OCDE (2017), *Gouvernement ouvert: Contexte mondial et perspectives*, Éditions OCDE, Paris, https://dx.doi.org/10.1787/9789264280984-fr. [10]

Royaume du Maroc (2020), *Evaluation des services publics en ligne orientés usagers*, http://www.courdescomptes.ma/upload/_ftp/documents/10.%20Services%20en%20ligne.pdf (consulté le 14 décembre 2020). [9]

Royaume du Maroc (2020), *Note d'Orientations Générales pour le Développement du Digital au Maroc à horizon 2025*, https://add.gov.ma/storage/pdf/Avril_NOG_ADD_fr_SITE_VF.pdf (consulté le 14 décembre 2020). [11]

TAFRA (2020), *Les points focaux chargés de l'information... | Facebook*, https://www.facebook.com/tafra.org/posts/1669418843234973 (consulté le 14 décembre 2020). [13]

Ville de Nivelles (2018), *Un meilleur accueil dans les services communaux ?*, https://nivelles.monopinion.belgium.be/processes/acceuil-hotel-de-ville (consulté le 14 décembre 2020). [6]

Note

[1] Le mot *vlog* désigne un contenu de communication à vocation de carnet, de journal ou d'agenda, réalisé sur support vidéo et généralement posté sur les réseaux sociaux.

www.ingramcontent.com/pod-product-compliance
Lightning Source LLC
Chambersburg PA
CBHW081202270326

41930CB00014B/3271